PREFACE

前　言

知识就是财富，口才就是资本。买卖不成话不到，话语一到卖三俏。

20世纪最伟大的心灵导师和成功学大师戴尔·卡耐基曾说：“一个人的成功，约有15%取决于知识和技术，另外的85%则取决于沟通——发表自己意见的能力和激发他人热忱的能力。”

美国的“超级推销大王”弗兰克·贝特格总结自己近30年推销生涯的经验时说道：“交易的成功，往往是口才的产物。”

不必列举了，好口才才能带来好钱财，这是毋庸置疑的！良好的口才是销售成功的一把金钥匙。对于销售人员来说，是否会说话，往往直接决定了其交易的成败。

通常，会说话的销售人员能比其他人销售出更多的产品，相应的，也就会拿到更多的销售提成。

日积月累，有“口才”的普通销售人员，早晚一天会变成有“钱财”的销售巨人！

如果一本书里有：

“世界上最伟大的销售人员”乔·吉拉德经验教训的再现。

“东方销售女神”柴田和子的各种成功经验。

“销售之神”原一平的出奇制胜术。

美国的百万圆桌会议（MDRT）齐藤竹之助巧妙开发客户的经验。

……

那它就是销售人员的必备宝典。

本书精心选取了这些销售巨人的成功经验，并融合了普通销售人员面对各种情况时的多样实战技巧。为每一个想要成功的销售人员搭建一个坚实的进步阶梯！

要想成为一个一流的销售人员，就要培养自己的销售金口才，而要想培养自己的销售金口才，就需要有名师指点加上自己的刻苦努力。正因为如此，我们编写了这本专门针对销售人员的口才训练指导。与众多同类书籍的不同之处在于：我们本着省时省心的原则，不做过多的议论空谈，而是点到为止，一目了然；以实例带技巧，以分析带实战指导，捞干的，拣最实用的，拣销售过程中经常遇到的硬骨头来“啃”。

同时，本书按照销售过程，从开发客户到预约、面谈、报价议价，再到解决抱怨做好售后服务、留下客户和开发新客户，一步步慢慢道来，讲得清楚，说得明白。

“师傅领进门，修行在个人。”

一本书讲得再好，它的容量也是有限的，也只能起到抛砖引玉的作用。销售人员最终的成功还要通过自己在实践中多总结，在与客户过招中多练习，在现实销售中灵活运用各种招式，甚至能“青出于蓝而胜于蓝”，超过本书所举的各种优秀的销售人员！只有这样，你才会成为一名更优秀的销售人员！才能凭借三寸之舌来开发客户，使客户对产品或服务产生信心和兴趣，并让客户最终购买产品，你也因此得到应有的回报！

希望大家能在本书的提示下，在日常销售工作中一点一滴地去学习、去探索、去积累各种各样的口才实用技巧，助益自己的成功！

加油！磨好“唇枪”，练好“舌剑”，明天，你就是最伟大的销售人员！

CONTENTS

目 录

第三章 言语诱导，让客户顺着你的思路走

第四章 因人而谈，妙对各种类型客户

第七章 处理异议，把客户的顾虑变成销售的机会

第八章 报价议价，让客户心甘情愿掏腰包

第九章 妙语促进，让交易最后一锤定音

第十章 化解抱怨，促进售后的合作

第一章

练好口才，随时做到出口成金

我国古代著名的文学理论家刘勰这样评价口才的重要性：“一言之辩，重于九鼎之宝；三寸之舌，强于百万之师。”由此可见，口才具有何等的威力！对于渴望成功的销售人员来说，口才也无疑是极为重要的销售“法宝”，因为——成功的销售来自一流的口才。因此，培养自己“攻无不克，战无不胜”的口才，对于销售人员来说是至关重要的。本章就重点介绍一下培养销售口才的几大方式，以供销售人员在实践中提升自己的口才，做到随时“出口成金”，财源广进，步步高升。

赞得妙才能卖得俏

推销的秘诀在于研究人性，研究人性的关键在于了解人的需要，我发现对赞美的渴望是每个人最持久、最深层的需要。

——原一平

真诚、真切的赞美总会让客户感觉开心，感觉愉快。这样销售人员在与客户谈业务的时候，就更容易达成默契，形成合作关系。

美国最大的护肤用品直销公司总裁玫琳·凯当年在做销售人员时，有一次，她上门去推销化妆品，女主人非常客气地拒绝了她："对不起，我现在没有钱，等我有钱了再买你的产品，你看可以吗？"

细心的玫琳·凯发现女主人的怀里抱着一条名贵的狗，既然能养得起这样名贵的狗，怎么会"没有钱购买"呢？玫琳·凯知道，这只是对方的一个拒绝自己的托词而已。

于是，她微笑着说："您这小狗真可爱，一看就知道是很名贵的狗。"

"没错呀！"

"那您一定在这个狗宝宝身上花了不少的钱和精力吧？"

"对呀，对呀。"女主人开始很高兴地为玫琳·凯介绍她为这条狗所花费的钱和精力。

玫琳·凯非常专心地听着女主人兴奋的介绍，在一个非常适当的时机，她插了话："那是肯定的，能够为名贵的狗花费足够的钱和精力的人，一定不是普通阶层。就像这些化妆品，价钱比较贵，所以也不是一般人可以使用得上的，只有那些高收入、高档次的女士，才享用得起。"

女主人听后，很高兴地买下了一套化妆品。

可见，作为销售人员，应该善于观察，找到客户的兴趣与爱好，投其所好，并加以适当地赞美，就一定能够打动客户的芳心，进而推销成功。除了通过寻找对方的兴趣爱好作为赞美的切入点外，你还可以根据以下几个方面作为赞美的切入点：

（1）根据对方的心理情感需求。交谈双方各有欲望时，可迎合对方的需求讲些赞美的话，一个不喜欢淑女型，喜欢个性鲜明、男孩子气的女子，你若夸她如果长发披肩，长裙摇曳，定会婀娜多姿、美丽迷人，她也许不会感激你，还有可能骂你多管闲事。如果了解她的心理，夸她短发看起来又精神又有活力，她一定会很开心。

（2）根据对方的性别特征。对体胖的女子，你若说她又矮又胖，一定会令她反感；但你夸她一点不胖，只是丰满，她会得到几分心理安慰，不会因为自己胖而自卑。对同样体型的男子，你说他是矮胖子，他也许会置之一笑。

（3）根据对方的年龄特征。你若想打听对方的年龄，对小孩子可以直接问："今年几岁了？"对老者说："今年高寿？"对年龄相近的异性不可直接问，要试着说："你好像没我年龄大吧？"对年纪稍大的女性，年龄问题更是个雷区，问得不好则会讨人厌。面对一个40岁的中年女子，你若开口就问："快50了吧？"对方一定会气愤不已。你若小心地问："30出头了吧？"她一定会心花怒放，笑逐颜开。

（4）根据对方的特定心境。俗话说：入门休问荣枯事，观看容颜便得知。在赞美别人时，要学会察言观色。一个为事业废寝忘食的客户，一夜未眠，你便可以说他是“以事业为重，有上进心”；一个为了债务焦头烂额，心绪不宁的客户，你夸他“事业有成，春风得意”，对方也许会认为你是在讲风凉话。这种赞美便会起到适得其反的效果。

（5）见到、听到别人得意的事。见到、听到客户得意的事，一定要停下所有的事情，去赞美他。例如，客户给你看了他的小孩的相片，那么一定要夸他的小孩，你若无声地放回去，他会很不高兴；如果客户升官了，你若第二天见到他，一定要用大官的称呼去叫他，用大官的职权去恭维他，他一定会非常开心。

（6）适度指出别人的变化。这种意义是“你在我心目中很重要，我很在乎你的变化，否则是我瞧不上你，我不在乎你”，这是很糟糕的。所以说，如果不是第一次登门拜访，有一段时间没有与客户见面，你就可以指出对方的变化，这个时候无论你说对方胖了或瘦了，对方都是很舒心的，当然更多的是指出对方的一些好的变化方面，客户会感觉更舒服。

赞美虽然是对销售助益的一个口才技巧，但也要注意运用得当。下面谈一下赞美时需要注意的一些事项：

（1）要突出重点。列举对方身上的优点或成绩时，不要举出让听者觉得无足轻重的内容。比如，向客户介绍自己的销售人员时说他“很和气”或“纪律观念强”之类的和推销工作无甚干系的事。

（2）不要有影射意味。你的赞扬不可暗含对于对方缺点的影射。比如，这样一句口无遮拦的话是不能当着客户的面说的：“太好了，在一次次半途而废、错误和失败之后，您终于大获成功了一回！”

（3）不要不相信对方的成绩。不能以你不相信对方能取得今日的成绩为由来称赞他。比如，“我从来没想到你能做成这件事”或是“能取得这样的成绩，恐怕连你自己都没想到吧”。

另外，销售人员的赞美不能是对待小孩或晚辈的口吻。比如，“小伙子，你做得很棒啊，这可是个了不起的成绩，就这样好好干！”

（4）不要拍马屁。某知名企业的一位销售冠军说，“做销售一定要注意：赞美客户会赢得他们的喜爱，对客户溜须拍马则会让他们疏远你。”赞美优秀的客户，需要一定的技巧，因为弄不好，他就会以为你别有用心地在拍马屁。

通过以上分析不难看出，销售人员只有赞美得妙，才能打动客户，才能卖得俏。

借助幽默点石成金

最幽默的人，是最能适应的人。

——弗洛伊德

“买卖不成话不到，话语一到卖三俏。”这“俏”的诀窍之一就是幽默。

推销之神原一平曾有这样的经历。

原一平：“您好！我是明治保险公司的原一平。”

客户：“喔……”

对方端详原一平递过来的名片后，抬起头来慢条斯理地说：“两三天前曾来过一个什么保险公司的销售人员，他话还没讲完，就被我赶走了。我是不会投保的，你多说也没有任何意义。我看你还是快走吧，以免浪费你的时间。”

原一平：“真谢谢您的关心！您听完我的介绍之后，如果不满意的话，我当场切腹。无论如何，请您抽点时间给我吧！”他一本正经，甚至还装着有点生气的样子。

对方听了他的话，忍不住哈哈大笑地说：“你真的要切腹吗？”

原一平：“不错，就像这样一刀刺下去……”他一边回答，一边用手比画着。

客户：“你等着瞧吧，我非要你切腹不可。”

原一平："来啊！既然怕切腹，我非要用心介绍不可啦！"

话说到此，原一平脸上的表情突然从"正经"变成了鬼脸，客户和原一平都不由自主地大笑起来。

在特定的环境下，原一平用以"死"相逼的夸张的语言，制造了一个喜剧化的场面，打破了僵局，不能不说是运用幽默的杰作。

正是原一平的幽默，使其迅速接近了客户，消除了客户心中对陌生人的本能戒备和抵触情绪，拉近了彼此之间的距离，最终，成功地打开了推销的局面。可见，在营销活动中，机智诙谐能让销售人员以最快的速度接近客户，使其推销之路一路畅通。那么，销售人员如何培养自己的幽默呢?

（1）悬念。在人与人的交往过程中，完全可以用几句话激起对方按照思维定式无法解除的疑惑，造成一定心理压力。然后给对方做出一番打破常规的解释，释去对方的心理重负。在对方心理起伏中产生出奇制胜的幽默效果。在对方由疑问到解惑，由惊讶到平静的大起大落中，产生幽默感。

（2）曲解。这里的曲解，是指以一种轻松、调侃的态度，有意违反常规、常理和常识，打破词语的约定俗成的含义，在特定的语境下，临时给它以新的解释，甚至对其进行歪曲的解释，把毫不相关的事捏在一起，让看似毫不沾边的事物产生联系，从而造成因果错位或逻辑矛盾，造成一种不和谐、不合情理、出人意料的效果，从而产生幽默感。

其中，偷换概念是常用的曲解手段。即将对方谈话中使用的概念借用过来，并赋予新的内容，以此产生幽默的效果。

此外，拟人可以制造幽默的感觉。比如，销售人员可以把自己的产品比喻成客户的"爱人""保姆"之类。

（3）夸张。将事实进行无限制的夸张，造成一种极不协调的喜剧效果，也是产生幽默的有效方法之一。

一位销售人员拿着她几个月前的脸部特写照片，在向一位女士推销她的保健品："您看我当初本来这脸色都赶上80岁的老太婆了，结果一用上我们公司的这保健品，现在您看看，如果说我18，有人还真会相信呢。"这样带有自我调侃的幽默，能不让客户为之心动吗？

（4）双关。所谓双关，也就是你说出的话包含了两层含义：一是这句话本身的含义；二是引申的含义，幽默就从这里产生出来。也可说是言在此、意在彼，让听者不只从字面上去理解，还能领会言外之意。

有一则寓言说，猴子死了去见阎王，要求下辈子做人。阎王说，你既要做人，就得把全身的毛拔掉。说完就叫小鬼来拔毛。谁知只拔了一根毛，这猴子就哇哇叫痛。阎王笑着说："你一毛不拔，怎么做人？"

这则寓言表面上是在讲猴子的故事，却很幽默地表达了"一毛不拔，不配做人"的道理，虽然讽刺性很强，却也委婉、含蓄。

（5）正话反说。所谓正话反说，是指说出来的话、所表达的意思与字面意思完全相反，如表面上肯定，而意义上否定；或表面上否定，而意义上肯定。这也是产生幽默感的有效方法之一。

（6）断章取义。幽默技巧的关键在于能否荒谬断章，经过你的断章后所产生的意义与本义相差越远或越荒诞，就越幽默。它的目的性隐含于这种“断章”中，有时你也可以根据你的需要“恰当”断章，当你的需要由于你的“断章”而被表明或被满足时，幽默的情趣就油然而生了。

当然，幽默并不单单指语言的机警俏皮，还要销售人员结合形体、表情、动作等来配合语言，让自己全身上下都有幽默感，这样才能感染人；否则，板着脸和人说幽默的话，总是让人感觉不舒服，甚至让人产生被嘲笑的歧义。想要成为一个成功的销售人员，就调动起你全身的幽默细胞，利用自己的幽默形象去感染客户吧。

妙用无声语言

不管我认不认识，当我的眼睛一接触到人时，我会要我自己先对对方微笑。

——原一平

在说话中，仅仅用声音和表达出来的话语内容是不可能完整地传递所有信息的。因此，在使用有声的口头语言和客户进行沟通的同时，销售人员还应该配合一定的无声的肢体上的语言来对客户进行恰当的暗示。

简单来说，肢体语言可以分成四大部分。

（1）眼神。眼睛是心灵的窗户，反映着人的喜怒哀乐，它能向客户传达很多信息。但凡是优秀的销售人员，都希望与客户保持目光接触。特别是当客户犹豫不决时，目光接触越多越好。

有的销售人员在面对客户时，不敢看对方的眼睛，就是看着对方眼神也是飘移的。这让老练的客户一眼就能看出你的不自信，就是因为看到了你的弱点，才会不停地讲条件，本可以马上签下的订单，却迟迟没有结果。销售人员正确的肢体语言，应该面带微笑，眼睛炯炯地、柔和地看着对方的眼睛，不卑不亢，让对方感觉到你的自信和平和，感到你的诚实和勇气。

（2）身体位置。销售人员与客户的角度与距离，都要表现出热情和尊重。刚开始时，销售人员可能需要站着和客户交流。可有的人站着不断地摇晃肩膀，不断地倒换双脚，这些动作很不礼貌，也会让客户感到你不耐烦，想尽快结束谈话。正确的做法是：像军人似的稍息的动作，一脚稍微在前，另一脚靠后支撑重心。一定要稳重，不要摇头晃脑。当坐下来谈业务时，要做到后背坐直，身体前倾，这样才能充分展现出你的热情、职业素养和对客户的重视。

（3）面部表情。微笑是用来创造良好形象的最有效的肢体语言。因此，在与客户交流时，销售人员的脸上一定要始终洋溢着微笑，千万不要流露出不耐烦；否则，很容易得罪客户。此外，销售人员还要注意微笑不是那种程式化的、机械化的微笑，而是要做到自然而然，发自肺腑，这样的微笑才能打动人心。

（4）手势。每个人在谈话的过程中都会有不同的手势，只是有的手势是有助于自己表达的，有的则会令人讨厌。比如，销售人员张开手掌这个手势会给客户诚实的感觉，可以提高你的可信度，增加你的交际能力。在谈业务时，最好不要出现用手指点指对方的手势，这样会让对方非常反感，也不要讲话时挥舞拳头，这些手势都是不礼貌的。举例来说：

如果你说“你好”，但你的眼角眉梢却是一副不屑一顾的样子，这样的“你好”只能让客户觉得你并不认为他“好”，而是有意瞧不起他，甚至于带有挑衅的意味。而同样的一句“你好”，你若是热情地伸出手与客户亲切地握着手，并带着热诚的声音说出来，这一定会感染客户的内心，让他认为你是真的在向他问“好”。

因此，销售人员在与客户交流时，一定要注意无声语言的恰当运用，让它们发挥出积极的作用来。

积极倾听助益销售

你倾听得越久，对方就会越接近你。

——乔·吉拉德

很多销售人员急于推销商品，把对方讲的话都当成耳边风，而且总是迫不及待地在交谈中问问题，或打断对方的话，或陈述自己的观点。这些都是不适当的。欲速则不达，如果想使交易成功，客户滔滔不绝地讲话时是成功到来的有利时机，你应该为此高兴，立刻提起精神来积极地去倾听，只有这样才能让你的销售获益。

（1）抛弃先入为主的观念。只有抛弃那些先入为主的观念，才能耐心地倾听客户的讲话，才能正确理解对方讲话所传递的信息，从而准确地把握对方话语的核心，才能客观和公正地听取、接受对方的疑惑与不满。

（2）一定要有耐心。这里所指的倾听，不仅仅是用耳朵去听，也包括要用眼睛去观察对方的表情与动作，用心去为对方的话语做设身处地的考虑，用脑去研究对方话语背后的动机。倾听就是在做到“耳到、眼到、心到、脑到”的前提下，综合地去听。

作为销售人员，能够耐心倾听客户的谈话，就等于在告诉客户：“你是一个值得我倾听你讲话的人。”这样，在无形之中就能让对方感觉受到了重视，从而使双方的感情交流更为融洽，并为最后的成功销售创造一种和谐融洽的气氛。

（3）一定要全神贯注，积极思考。销售人员倾听客户的讲话要集中注意力，细心聆听对方所讲的每个字，注意对方的谈话内容、措辞及表达方式，注意对方的语气、语调、面部表情、眼神动作等，所有这些都能为你提供线索，去发现对方一言一行背后所隐含的内容。这样就不会因为没有足够的分析和思考而草草地对客户的谈话下结论了。

（4）不要轻易打断客户，控制好自己的言行。在倾听对方时，最难也是最关键的技巧，就是要约束、控制好自己的言行。通常，人们都喜欢听赞扬性的语言，不喜欢听批评、对立性的语言。当听到反对意见时，总会忍不住要马上反驳，似乎只有这样，才能说明自己有理。还有的人过于喜欢表现自己，这都会导致与对方交流时，过多地讲话或打断别人的讲话。这不仅会影响自己的倾听，也会影响对方的谈兴和对你的印象。所以，销售人员在与客户的沟通中，一定不要轻易插话打断对方的讲话，也不要自作聪明地妄加评论。

（5）有鉴别地去倾听。有鉴别地去倾听必须建立在敏锐分析的基础上的，因为不擅长分析，就无法鉴别出客户所说的信息的“言外之意”，而这才是客户的真实意图。例如，“太贵了”这句话几乎是每一位客户的口头禅，言外之意就是“我不想出这个价”，而不是“我没有那么多钱”。如果不能辨别其背后的真正含义，往往就会错把客户的借口当成反对意见而加以反驳，从而很容易激怒客户，同时也让客户找到了为自己进行辩护的借口，也就会在无形中增加推销的阻力。

（6）注意领会客户说出的别有意义的词句。例如，在销售沟通中，销售人员常常听到这样的说法：“顺便提一下……”说话的人试图给人一种印象，似乎他要说的事情是突然想起来的。但是，你要明白的是，他要说的事情恰恰可能是非常重要的，先说这么一句，显得漫不经心，其实不过是故作姿态而已。所以，当你发现一个人常用诸如“老实说”“说真的”“坦率地说”“真诚地说”等类似的一些词句的时候，往往就是此人既不坦率也不诚实的时候，这种词句只不过是一种低劣的掩饰罢了。

（7）积极反馈。要使自己的倾听获得更好的效果，不仅要用心地听，还应该有一些反馈性的表示，这样可以给对方造成一种心情愉快、愿意继续讲下去的氛围。

A. 表情上的反馈。诸如微笑、点头、欠身、双眼注视、赞赏的目光等表情上的反馈可以显示出销售人员对客户谈话是感兴趣的，因此客户就会因为受到鼓励而愿意更多、更深地讲出自己的观点。

B. 语言上的正面反馈。在推销谈判中，当销售人员充当“倾听者”时，一定要注意以“是”“对”等答话来表示自己对客户所赞成的观点的肯定，在对方停顿下来的时候，也可以用简单的话语来指出对方的某些观点与自己一致，或运用自己的经历、经验来说明对讲话者的理解。有时，还可以适当复述对方所说过的话，这些表示理解的方式都是对讲话者的一种积极呼应。

（8）善于启发。销售人员在倾听时，如果恰当地运用反驳、疑问和沉默等方式，可以激发客户的思路，使他深入地谈下去。当然，这里所说的反驳并不是指轻易地打断对方的讲话或插话，而是当对方征求你的意见或稍作停顿时，对其进行适度的反驳。另外，根据具体的谈判情况，销售人员可以提出自己的疑问，这样客户就会为了回答你的问题，而积极地畅谈下去。此外，销售人员也可以保持适当的沉默，因为沉默有时也并等同于承认或忽视，它可以表示你在思考，是重视对方意见的体现，也可能是在暗示对方转变话题。

千万把好“出口”关

不要任意打断客户谈话，不要试着加入话题或纠正他。

——布莱恩·崔西

话一出口，就如泼出去的水，难以收回来。因此，销售人员在与客户沟通时，一定要把好“出口”关，不要因为一时口误给自己的销售工作带来麻烦。那么，从哪些方面把关呢？下面进行具体的说明。

（1）不要轻易许诺。第一，轻易许诺得不偿失。销售人员不要无中生有地轻易许诺。许诺若达不到，不仅会让客户失望，也会让客户对自己产生不诚信的坏印象——这是比什么都可怕的。第二，务必清楚自己“话语权力”范围。销售人员在说出没有商量余地的话之前，一定要在脑子里盘算一下，必须明确表明：在某种范围内自己要承担一定的责任。尤其是在处理纠纷时，销售人员更须注意不要做口头上的许诺，千万不要为了安慰对方而说出对自己、对自己公司不利的事。

（2）不要直接批评客户。有一句话是这样的：“赞美与鼓励让白痴变天才，批评与抱怨让天才变白痴。”在这个世界上，又有谁愿意受人批评？销售人员每天都要与人打交道，更应注意这方面的问题。

（3）不要带有攻击性语言。多数的销售人员在说出这些攻击性话时，缺乏理性思考，却不知，无论是对人、对事的攻击词句，都会造成客户的反感。作为销售人员，应尽量杜绝攻击同行业人员，最好是做到闭口不谈，这对自己的销售会有好处的。

（4）不要谈及个人隐私。与客户打交道，主要是要把握客户的需求，而不是一张口就大谈特谈隐私问题，这也是销售人员常犯的一个错误。有些销售人员可能会说，“我说我自己的隐私问题，这样总可以吧”。就算只谈自己的隐私问题，不去谈论客户的，试问，销售人员推心置腹地把自己的婚姻、财务等情况和盘托出，能对销售产生实质性的帮助吗？

（5）不要说不雅之言。每个人都希望与有涵养、有层次的人在一起，相反，不愿与那些“出口成脏”的人交往。同样，在销售中，不雅之言对销售产品必将带来负面影响。诸如，在销售寿险时，最好回避“死亡”“没命了”之类的词汇。不雅之言，对于销售人员的个人形象会大打折扣，它也是销售过程中必须避免的话。

（6）不要说过头话。在销售场上，说出去的话就像泼出去的水一样，无法收回。在迫切想要卖出产品的心态支配下，有些销售人员很容易会无意中说出过头的话来，结果一不小心让客户抓住把柄，结果搞得彼此不快不说，还会使销售人员在客户心里留下不良印象。

此外，“我方将很快做出处理，请原谅！”“那件事，我会负责的。”“这个，我知道怎么处理！”对于此类话语，销售人员也应该慎用。

俗话说：“君子一言，驷马难追。”而这一言是好是坏，全在于事先判断清楚。因此，千万在说话之前，想好了再去说。

留心你的“小动作”

肢体语言通常是无意识的，而且难以控制与掩饰，它比言辞还能更清楚地表达内心的意向！

——奥里森·马登

一位销售人员在与客户畅快地交谈时，一边“你知道不……你知道不……你知道不”地说着口头禅，一边大谈快谈之时，不小心因为激动过度，喷出了一口唾沫星子到客户脸上，结果可想而知……

你有没有注意到，也许正是因为你的某个不留意的小动作而让客户对你拒之门外呢？因此，销售人员在与客户交谈时，一定要注意自己的一些“小动作”，千万不要因小失大。

（1）口头禅过多。人们听到这样的口头禅，如“那个”“你知道不”“是不是”“对不对”“嗯”等。如果一个人在说话中反复不断地使用这些词语，一定会有损自己说话的形象。如果你有录音机，不妨将自己打电话时的声音录下来，听听自己是否有这一毛病。一旦弄清了自己的口头禅，那么以后在与人讲话的过程中就要时时提醒自己注意避免这一点。

（2）讲粗话。讲粗话是说话的恶习，是极不文明的表现，但要克服这种习惯也并不是一件易事。比较有效的办法如下：

A. 找出频率最高的粗话，集中力量首先改掉它。首先是改变讲话频率，每句话结束时停顿一下；其次讲话前提醒自己，改变原有的条件反射。出现频率最高的粗话改掉了，其他粗话的克服也就不难了。

B. 请别人督促。最好是了解自己的人，这样督促起来可以直截了当。由于有时自己讲了粗话还不知道，请别人督促就能起到提醒、检查的作用。督促还有另一层心理意义，那就是造成一种不利于原有条件反射自然发生的外界环境，以促进旧习惯的终止。

（3）小动作频繁。可以检查一下自己，是否在说话时不断出现以下动作：坐立不安、蹙眉、扬眉、歪嘴、拉耳朵、摸下巴、挠头皮、转动铅笔、拉领带、弄指头、摇摆小腿、口沫横飞等。这都是一些影响你说话效果的不良因素。当你说话时，动作过于频繁，听者就会被你的这些动作所吸引，根本不可能认真听你讲话。

在现实销售过程中销售人员会遇到各种各样的因素，让你把客户说跑了。因此，如果你善于总结发现，你还应该通过观察和积累，发现自己或他人在说话时的不可取之处，有则改之，坏习惯改掉了，你自己的说话水平自然会提高了。

销售人员应注意及时总结，及时提高。

本章小结

1. 敢说是销售口才的基本功，而如何说则要靠平时多积累各方面的知识，以便言之有物。

2. 恰当地运用赞美能打消客户的疑虑、反感等排斥性的情绪，拉近彼此的距离。

3. 幽默是调节交谈的气氛的清新剂，也是让客户喜欢你的开心果。

4. 灵活运用种修辞手法可以妙语生花，为你的语言增色添彩，让你的表达更动人。

5. 倾听永远比说话重要，认真而积极的倾听能让客户感动，还能让你潜心了解客户的真实意图。

6. 永远注意那些妨碍口才交流的小动作和不该说出口的话的杀伤力。

7. 口才不好不要怕，除了加强学习使口才提高之外，你还可以创造出具有特色的方法来弥补口才的不足，助力销售的成功。

第二章

巧探深挖，摸透客户的心思

客户真正的心思如何，对于销售人员来说非常重要，因为只有了解了客户的真正心思，销售人员才能进行有针对性的销售工作，从而做到事半功倍，避免浪费时间和精力。而正如俗话所说的：“人心隔肚皮，做事两不知。”客户的真正心思对于销售人员来说是很难猜到的。为了帮助销售人员能准确地猜到客户的心思，这里列举出几种常用的话术，抛砖引玉地供销售人员参考，希望大家在自己切身实践中总结出更适合自己的办法。

摸准客户的购买实力

只有问了才能了解客户的真实需求，问得越多，你了解的就会越多，这时候你就能更好地把握客户的真实需求。

——布莱恩·崔西

只有具有支付能力的需求才构成现实的需求。因此，在对客户购买需求进行鉴定的同时，必须对其支付能力进行鉴定。通常，销售人员可以通过以下几种方法和途径来判断客户的购买能力：

（1）从主管部门或工作所在的行业入手。通常，企业客户有主管部门，而个人客户则隶属于某个企业或行业，销售人员可以从上而下了解客户的购买能力。

对于企业客户来说，销售人员可以从政府部门了解客户的经营状况、财务盈亏、款项往来等，甚至可以从银行和司法部门了解相关的情况。

对于个人客户来说，从客户所在企业或行业的状况也可以推断其购买能力。比如：销售人员可以问客户："您在哪行高就呀？"客户说："我在IT业。"这时，销售人员就可以通过这一行业的工作人员平均收入水平在5 000元来判断客户的收入了。

（2）从"内部"了解。销售人员要得到客户购买能力的准确数据就必须要打入"客户"内部，从内部摸清客户的购买能力和财务状况的变化，这样的信息比较真实可靠，具有很高的可信度。比如，销售人员可以问客户："您成家没？""您成家几年了？"

如果客户是一位已婚的男士，那么通过他的妻子很有可能就会判断出其购买能力。当听到他的妻子说“我们还不如买纯平彩电”或“我比较喜欢海尔冰箱”时，千万不能听听了事。从这样的话语中，有经验的销售人员就可以很清楚地推断出客户是有能力购买纯平彩电或变频冰箱的。

（3）从客户资料窥探。很多时候，对于陌生的客户很难在短时间内判断其购买能力，那么销售人员就可以用收集客户资料的方法。销售人员在对这样的客户进行购买能力分析的时候，就应该把所有的资料集中，从中提取有用的资料，从而可以从侧面了解客户的购买能力。一般而言，这样的间接资料可以从银行的信用公告、咨询机构等大众传播媒介中获取。

（4）多分析。观察分析是每个销售人员都熟悉的方法，如客户的衣着、出行的交通工具、喜爱的运动等都是判断客户购买能力的突破口。一般而言穿着时髦讲究，经常打高尔夫、有私家车的客户购买能力比较强。这种方法所得出的结论有时并不准确。实际中，销售人员常常犯这样或那样主观性的错误。这就需要长期经验的积累，因此切记不可以“貌”取客户，妄下结论。

当然，销售人员应该多个方法同时使用，综合分析，这样就可以相对准确地判断出客户的购买能力，为下一步的销售打下坚实的基础。

问出客户心思的方式

销售人员能够运用提问及其得到的答案作为获得更多更快的订单的坚实基础，从而进一步提高推销效率。

——雷蒙·A.施莱辛斯基

向客户提问是摸透客户心思的一个常用方法，但是如何问、怎么问才能问得让客户愿意回答，而且正好他的回答是真心话，这里面就存在一个技巧问题了。下面介绍几种提问的技巧供销售人员参考。

（1）主动式提问。主动式提问是指销售人员通过自己的判断将自己想要表达的主要意思用提问的方式说出来。在一般情况下，对这些问题客户都会给予一个明确的答复。例如：

有一家洗发水公司的销售人员问："现在的洗发水不但要洗得干净，而且还要有一定的护发功能才行，是吧？"客户回答："是的。"销售人员又问："为了能够护发养发就要合理地利用各种天然药物的作用，在洗发的同时做到护发养发，这种具有多种功能的洗发水您愿意用吗？"客户回答："愿意。"

当然，销售人员接着就可以问他想要知道的问题："这种含有药物的洗发水含有一种淡淡的药物香味，你喜欢吗？"如果客户说他不太喜欢，那么"症结"就已经找到了。

（2）反射性提问。反射性提问也称重复性提问，也就是以问话的形式重复客户的语言或观点。例如：

“你是说你对我们所提供的服务不太满意？”“你的意思是，由于机器出了问题，给你们造成了很大的损失，是吗？”“也就是说，先付50%，另外50%货款要等验货后再付，对吗？”

这类问题的好处在于：第一，它具有检验的作用，即能够用来检验销售人员是否真正理解了客户的观点。如果理解有误，客户就会当场指出。第二，它鼓励客户以合乎逻辑的方式继续表明观点。第三，可以使销售人员对客户的言谈做出适当的反应，可以避免直接向对方表示肯定或否定。第四，它还可以用来减弱客户的气愤、厌烦等情绪化行为。销售人员以问话形式重复客户的抱怨，让客户感到他们的意见已受到重视，其抵触性情绪也就会减弱。

（3）指向性提问。这种提问方式通常是以谁、什么、何处、为什么等为疑问词，主要用来向客户了解一些基本事实和情况，为后面的说服工作寻找突破口。例如，“你们目前在哪里购买零部件？”“谁在使用复印机？”“你们的利润制度是怎样的？”等。

这类问题的提问目的十分清楚，也比较容易做出回答，通常用来了解一些简单的、宜于公开的信息，不适合用来了解个人情况及较深层次的信息。需要注意的是，在使用这类问题时要表现出对客户的关心，语气不可太生硬。

（4）评价性提问。评价性提问方法是用来向客户了解对某一问题的看法，而且这类问题一般都没有固定的答案。例如，“你觉得小型轿车怎么样？”“你认为租与买哪个更合算？”“要是增加一些零件存货会怎么样？”等。

评价性提问通常用于指向性问题之后，用来进一步挖掘相关的信息。在很多情况下，客户很可能不愿意对某个问题发表意见。这时，销售人员就应该使用间接评价性的问题。间接评价性问题要求客户对第三者的观点做出评价。例如，“有报道说，某品牌电梯在消费者中信誉很高，你认为它在客户中受欢迎吗？”

（5）细节性提问。这类提问的作用是为了促使客户进一步表明观点、说明情况。但与其他提问方式不同的是，细节性问题直接向客户提出请求，请其说明细节性问题。例如，“请你举例说明你的想法？”“请告诉我更详细的情况，好吗？”

（6）损害性提问。这种类型提问的目的是要求客户说出目前所使用的产品存在哪些问题，最后再说服客户来使用你的产品。

例如，一位复印机销售人员问潜在客户：“听说你们现在使用的这种复印机复印效果不太好，字迹常常模糊，是吗？”显然，这类问题极具攻击性，如果使用不当，也会引起客户的反感。所以，在提出这类问题的时候，一定要注意用词和语气的委婉，并要考虑客户的承受能力。

（7）结论性提问。这种提问是根据客户的观点或存在的问题，推导出相应的结论或指出问题的后果，诱发出客户对产品的需求。这类提问通常使用在评价性问题和损害性问题之后。

例如，复印机销售人员在客户对损害性问题肯定之后，可以接着使用结论性问题：“用这样的复印机复印广告宣传材料，会不会影响宣传效果？”

（8）选择式提问。销售人员应该将产品可能引起的异议进行分类，让客户自己从中选择一个或几个。例如，销售人员可以问客户：“你好，我们的产品有哪些问题让您觉得不太符合你的需要呢？是样式、体积、重量还是口味……”

（9）建议式提问。销售人员应该主动对客户提出购买相关产品可以获得的相关利益，并给出一些良好的建议，以刺激客户的购买欲望。例如，童车销售人员就可以这样问他的客户：

“请问您买这辆小车是给几个月的婴儿睡觉用还是给一两岁的婴儿坐着用？”或是问：“您买这辆车是愿意让小孩骑三轮稳定些，还是要让他练习一下骑两轮单车的技巧？”

短短的一个问题既赢得了客户的信任和认同，又巧妙地说出了该产品的多种功用，从而给客户留下了良好而又深刻的印象。

（10）适当提答案为“是”或“否”的问句。要确定客户是否有某一个需要，你应该把客户的需要包括在提问当中（运用反映需要的言辞），引出“是”或“否”的回答。例如：

客户：“我们现在用的笔记本电脑，它的电池使用时间太短，好几次在紧要关头就没电了。”

销售人员：“所以您希望电池的使用时间长些，对吗？”（用选择式询问确定需要）

客户：“是。”

这样的提问方式可以让客户感觉到自己受到尊重，并会放松身心地与销售人员交流起自己的情况。

用积极提问透视客户心理

用提问的方法不仅可以得到你最想知道的东西，更可以满足客户倾吐心声的愿望，利于推销成功。

——弗兰克·贝特格

在与客户沟通的过程中，销售人员应该多提一些内容积极、肯定的问题，以增强客户对产品的信心，并促使他们下决心购买。

（1）进行积极的发问。这种问法的目的是主动引导客户，获得对方的肯定回答，并诱导客户做出决定。

问："那么，你同意获得利润最重要的是靠经营管理有方了？"

答："对。"

问："专家的建议是否也有助于获得利润呢？"

答："那是毫无疑问的。"

问："过去我们的建议对你们有帮助吗？"

答："有帮助。"

问："考虑到目前的生产情况，技术改革是否有利于生产一些畅销商品呢？"

答："应该说是有利的。"

问："如果把产品的最后加工再做得精细一点，那是否有利于你们在市场上销售呢？"

答："是的。"

问："如果在适当的时间，以合理的价格推销质量好的产品，你们公司是不是会得到更多的订单？"

答："会的。"

问："如果你们按照我们的方法进行试验，并且对试验结果感到满意，你们是不是下一步就准备采用我们的方法？"

答："对。"

问："那么我们现在可以先签个协议吗？"

答："可以。"

由此可以看出，销售人员只有不断地通过积极的发问去促使客户多说"是"，才能抓住时机，步步深入，引导客户做出一个又一个的购买决定。

（2）积极建议式的提问。销售人员应该多采用建议式的提问，使客户跟着你的思路走。

"还有什么需要我来完成的吗？事实上，你只需在这里签个字，这张保单从明晨零点起就开始生效了。"

"你看保险费是年付还是季付？"

"相信您一定非常清楚这张保单的保障功能吧？"

"这张保单应该很适合你吧？"

在交谈中，销售人员应避免用下面的方式："你看怎么办？""您是不是盖个章或签个字？"

（3）积极询问客户的要求。销售人员应不断询问客户，了解其要求，随时为其解决问题。

销售人员："您喜欢两个门的还是四个门的？"

客户："哦，我喜欢四个门的。"

销售人员："您喜欢这三种颜色中的哪一种呢？"

客户："我喜欢黄色的。"

销售人员："要带调幅式的还是调频式的收音机？"

客户："还是调幅式的好。"

销售人员："您要车底部涂防锈层吗？"

客户："当然。"

销售人员："要染色的玻璃吗？"

客户："那倒不一定。"

销售人员："车胎要白圈吗？"

客户："不，谢谢。"

销售人员："我们可以最晚在5月8日交货。"

在引导客户做出了一系列小的决定之后，这位销售人员递过来订单，轻松地说："好吧，先生，请在这签字，现在您的车子可以投入生产了。"

在这里，销售人员所问的一切问题都假定了对方已经决定买了，只是尚未定下来买什么样的而已。

用反问锁定客户注意力

我个人认为，推销中最具力度的词是“为什么”（why）。

——弗兰克·贝特格

在与客户进行沟通时，运用反问的提问方式，能够使客户的注意力锁定在沟通的过程中，使销售人员在整个推销过程中掌握主动权，有利于推销工作的顺利开展及交易的达成。

（1）肯定性的反问。例如：

“如果您在旅游时，带上这么一部相机，不但使您更加时尚，而且它会让您永久保留美好的回忆。请您想一想，如果因为没有相机而失去这些宝贵的一刹那，岂不是终生的憾事，难道不是吗？”

“您不觉得如果穿着我们公司设计生产的紧身衣，会更加舒适吗？”

客户：“我希望你的价格再降10%！”

销售人员：“先生，我相信您一定希望我们给您百分之百的服务？难道您希望我们给您的服务也打折吗？”

（2）反问客户“为什么”。每次客户拒绝或提出反对意见，销售人员就问客户为什么，并认真倾听他的回答。客户说得越多，就越会发现自己的理由并不完全正确，之后他会重新考虑是否购买。下面举个推销帽子的例子。

客户："我不太喜欢这种帽子。"

销售人员："为什么你会不喜欢呢？"

客户："样式不是太好。"

销售人员："为什么你觉得样式不好呢？"

销售人员通过问"为什么"，可以引导对方逐步说出自己的真实想法，然后就可以想办法说服对方，从而达成交易。

有位机械销售人员讲述了他的经历。

有位先生来询问一台机器的价格，销售人员告诉他价格是3 000元，他回答说太贵了。

销售人员便问："为什么呢？"

对方说："因为成本太高，赚不回本呀！难道你认为它值得？"

销售人员说："为什么不值得？这一直是一项最划算的投资。"

（3）用反问去否定客户的问题。例如：

客户："我想买一双便宜的皮手套。"

销售人员："今年与去年比，不是便宜1/3了吗？"

客户："可是，隔壁店卖得更便宜呀。"

销售人员："隔壁的货与这里的货的质量、款式相比，如何？"

客户："噢，他的……"

这里用"如何"点醒消费者不要光看到价钱，还要看到质量和款式，让他内心通过对比，自己觉得一分钱一分货。

用引导式提问说服客户

销售人员在推销过程的每个阶段，都可能并且应该有针对性地提问。

——雷蒙·A.施莱辛斯基

所谓引导式提问，就是先陈述一个事实，然后针对这个事实进行提问，让对方给出相应的回答，从而得到相关的信息。引导式提问是提问中的一个重要技巧。下面具体介绍如何应用这一技巧。

（1）与相似问题进行比较。

小潘是学习软件的销售人员，他经常利用客户的随身物品作为一个实际的例子来说服客户。

有一次，一位客户在看了产品简介之后，还想要看看所要软件的具体内容。

客户：“我应该根据我所要买的产品的内容是否适合我来确定买不买，对不对？”

小潘：“您说得没错，可是出版这套软件的出版社非常有名，我希望您能相信一流的出版社。先生，可以问一下您的笔记本电脑是什么品牌的吗？”

客户：“是国产产品。”

小潘：“哦！你买这台电脑的时候，是否先把它拆开看一下里面的部件呢？”

客户："没有。"

小潘："我想你在看过电脑后，即便认为电脑质量没问题，也是因为相信这家公司的信誉和服务才买下它的。同样，买汽车的时候你也不能把车子拆开看一下引擎吧，还有买药品的时候你无法从100元一盒的药品中，挑选其中一颗试其功效后，才决定购买与否。虽然不同品牌的商品，可能有许多的价格差异，但如果你分不出品质的好坏，我认为你应该根据厂商的信誉来购买。买这个学习软件也是一样，您应该信任出版商的声誉。"

（2）对复杂的问题进行分解。这种方法适用于那些价格较为昂贵的产品的推销。有一位家具销售人员就经常在推销一套价格不菲的家具时，多次利用拆分问题来说服客户。

客户："这太贵了。"

销售人员："你认为贵了多少？"

客户："贵了1 000多元。"

销售人员："那么现在就假设贵了1 000元整。"他同时拿出了随身带的笔记本，在上面写下1 000元给潜在客户看。

销售人员："先生，你想这套家具你肯定至少打算能够用10年再换吧？"

客户："是的。"

销售人员："那么依照你所想的也就是每年多花了100元，你指的是不是就是这样？"

客户："对，我就是这样认为的。"

销售人员："1年100元，每个月该是多少钱？"

客户："喔！每个月大概就是8元多钱吧！"

销售人员："好，就算是8.5元吧。你每天至少要用两次吧，早上和晚上。"

客户："有时更多。"

销售人员："我们保守估计为1天2次，那也就是说1个月你将用60次（把这些数据都写在笔记本上）。所以，假如这套家具每月多花了8.5元，那每次就多花不到0.15元。"

客户："是的。"

销售人员："那么每天不到1毛5分，却能够让你的家变得利落和整洁，让你不再为东西没合适地方放而苦恼、发愁。而且还起到装饰作用，你不觉得很划算吗？"

客户："……是的。那我就买下了。你们是送货上门吧？"

销售人员："当然！"

（3）把问题化繁为简。通过一个简单的问题就能够了解客户为什么不买，而按照客户的情况，销售人员大约能够知道应该使用哪一种策略应对，把可以克服的障碍一个个减少，这样就能提高推销的成功率。

"您是不是认为目前没有必要买？……如果是付款方面的问题，我们可以配合您的方案。"

"价钱方面是否有什么不满意呢？"

"关于我的说明有没有不懂的地方呢？"

"对于这个商品您是否不大感兴趣呢？"

"对于这家制造商您觉得如何？"

"您不喜欢这个款式吗？"

"您是否考虑向其他制造商购买？"

“是不是已经向其他地方订购了？”

“是不是暂时还不想买？”

总之，通过化繁为简的方法，销售人员可以使自己不在客户的思路里兜圈子，而是跳出圈子，让客户针对具体的问题进行回答或解释。这样一来，销售人员就可以有针对性地了解客户的心思了。

用假设套出客户的需求

询问客户所需，为他提供满足所需的方法。

——弗兰克·贝特格

有很多人看起来似乎不需要保险，可是一经分析，却发现每个人都需要保险。一个年轻人刚从学校毕业，1年有2万元的年薪，他没有任何需要抚养的家眷，而且短期内也不想结婚。根据客户的具体情况，那么，销售人员还有没有可能说动他上保险呢？有的。可以用下面的方式与之交谈：

销售人员：“这样的情形下，您不需要投保人寿保险。如果有人告诉您，您需要投保人寿保险，那这个人说话一定没有经过大脑分析。我是一个保险专家，我可以坦白告诉您，您并不需要保任何险，可是请问您，您计划结婚吗？”

客户：“哦！也许过一两年吧！可那是以后的事。”

销售人员：“即使等您结了婚，您也还是不需要保险，您知道为什么吗？因为万一您不幸发生了什么意外，您太太仍然年轻，她可以工作，也可以再婚，所以在这段时间内您不需要投保人寿保险，那么再请问您，您将来计划有小孩吗？”

客户：“当然我们都希望养几个小孩，所以我想应该会有小孩吧！”

销售人员：“当您太太怀孕的时候，我想您就应该投保了，现在让我们来看看人寿保险的基本原则。任何人要买人寿保险时都有三个问题要考虑：第一个是职业，您的职业不属于危险性高的职业，所以我想没有问题。第二个是健康，您现在身体健康，这也没有问题。不过三四年以后，我就不敢说了，但现在我们假定您的健康情况一直良好，所以也不成问题。第三就是年龄，您的年龄愈大，买保险时保费就愈高，一般而言，每增加1岁，保费就增加3%。”

客户：“不过再等3年实在也差不了多少。”

销售人员：“老兄，那可有差别呢！假如在3年之内您太太怀孕了，那时您准备买人寿保险，您就要付比现在高出9%的保险费；如果您现在的所得税税率是37%，那也就是说您必须要多赚12%的年薪，才付得起那份保险费。这并不是说在第一年就得多付9%，而是您在投保的每一年都需要多付9%，这笔账您算算看怎样才划算。

销售人员：“假如您现在投保，3年以后，您还是拥有同样价值的保险，可是每年就省下了12%以上的保费。我相信以您的努力，将来一定会飞黄腾达，而且我也希望多一位杰出的客户，这样我的业绩才能蒸蒸日上呢！所以我愿意现在为您设计一套保险计划，让您从现在开始节省12%的多余保费。”

客户：“啊，让我考虑考虑……”

……

最终，这位销售人员成功地拿下了订单。

这位保险销售人员没在一上来便强行推销保险，而是先顺着客户的情况来考虑问题，连说两个不需要保险的理由，让客户知道销售人员正是为客户考虑才会这样说的。

接下来，销售人员用着眼于未来的“无中生有”的办法来谈买保险对客户的好处，可以保障人的同时，也省下一笔不小的保费，这样一来，客户怎么能拒绝他的保险呢。

用“红灯话术”说服客户

“红灯话术”的目的就是要告诉客户：人无远虑，必有近忧。

“日本第一销售人员”“世界第一行销女王”“东方销售女神”柴田和子通过“红灯话术”，让客户明白人生时刻都在经历风险，而这些风险是不会随人们的意志而改变的，人们不能阻止它发生。并且，既然是风险，就必然会带来损失，如果人们不能阻止它发生的话，那么人们就要学会去把损失降到最低——而能够把这种损失降低的最好方式就是购买保险。

一个星期六，柴田和子去拜访一位客户，这位先生是汽车销售公司的部门经理本田一郎。他认为自己条件已经很优厚，从来就没有想过要给自己和家人买寿险，甚至觉得购买保险是一种杞人忧天的懦夫行为。

柴田和子从其他客户那里得到了这位总经理的资料，于是，她打算去会一会这位从来不买寿险的总经理，并让他去购买自己公司的保险。

一天，本田一郎刚进办公室，就见柴田和子正微笑着等着他，她热情地向他打招呼：“您好，我是第一生命的柴田和子，很高兴能够认识您。”

“你是来说服我买寿险的吧？对不起，我从来不对寿险感兴趣。”本田一郎没好气地说。

柴田和子问："您确定您不需要任何保险吗？"

本田一郎回答："是的，不需要，我有我的薪水就已经足够了。"

柴田和子说："是的，先生，您现在的确拥有丰厚的薪水，您每个月会去银行存多少钱呢？"

这句话却把本田一郎给问倒了，因为本田一郎虽然每个月都能领到高额的薪水，但是，他也是出了名的月光族，从来没有去银行存过钱。

看到本田一郎默不作声，柴田和子知道自己的话起作用了，于是趁热打铁问道："先生，您是从事汽车工作的，一定熟悉交通情况吧，那请教您一个问题，您开车上班或兜风，是不是一路都是绿灯？"

本田一郎说："这个可不一定，有时难免会遇到红灯。"

柴田和子说："遇到红灯，如果遇到红灯，您会做什么？"

"停下来等待绿灯亮啊。"本田一郎说，他眼中充满了迷惑不解。

柴田和子顺势说道："对呀，人的一生有高峰，也有低谷，有时绿灯，有时红灯。所以您也需要稍微停留一下脚步，重新认真思考一下自己的人生。您说对吗？"

柴田和子继续说道："人其实是很脆弱的，无法预测或左右得了随时可能发生的风险。对于财产险来说，发生了事故，还可以亡羊补牢，为时不晚。但对于每个人来说，生命只有一次，如果一个三口之家，夫妻之中有一个遇到死亡、伤残或严重疾病的风险时，就会在经济上给家庭带去沉重的负担，而通过保险可以得到一笔较可观的经济补偿，可缓解家庭当时的经济压力。"

这位经理频频点头，柴田和子继续说道："中国有句俗话，人生不如意事十之八九，这些不如意事就是我们人生中的一个个红灯，如果您解决不了这些红灯，也许您的晚年生活就不会像现在这样悠闲了，每年带着自己的家人去北海道旅游。相反地，您的生活将会变得一团糟，烦事扎堆，使您的整个后半生都没有着落。”

柴田和子说：“您投不投保对我没什么关系，但是能否挑选一位有能力的寿险行销人员来为您规划晚年生活，让您用现在的钱来购买晚年的平安与幸福呢？想想看，要是您工作了大半辈子，但最后却因为这些红灯使得自己的晚年生活过得很凄惨，您说这样划算吗？如果再严重一些，您的妻儿那时候该去依靠谁呢？所以，现在您有能力，您买保险就是一份保障，以减少一份风险所带来的损失。”

在柴田和子的“红灯话术”影响下，本田一郎终于被打动了，于是为自己和全家投了巨额的保险。

用欲擒故纵法让客户签单

任何准客户都有其一攻就垮的弱点。

——原一平

有一年，在贵阳举办的中国国际名酒节上，一家经贸公司与贵州一家酒厂谈判，该酒厂就成功地运用了欲擒故纵的方法。该经贸公司欲订购白酒10吨，但贵州的酒厂如林，名酒如云，各家竞争相当激烈，究竟订哪家的，委实举棋难定。

该经贸公司在与该酒厂洽谈时，对这么一宗大生意，该酒厂掩藏起内心的兴奋，平静而又抱歉地说："对不起，我们今年的货早已订完了。已开始订明年的，如果你们需要，我们设法给你们安排明年早一些的。"听了这一席话，该经贸公司当然大出意外："是吗？前天你们还在大拉客户呢？"该酒厂随即摆出一副赤诚的样子："商场如战场嘛，你们是聪明人，怎会不懂那是我们的一种策略。众所周知，我们的酒是根本用不着拉客户的；更何况过了一天，情况还会不变？这不，今天一清早，广东一家公司才将今年的最后一批10吨全部订完。你们可以去问问他们嘛！"此一说果真有效，公司有些急了："是的，听说你们的酒好，我们才慕名而来。我们来一趟也不容易，能不能通融一下，先挪给我们一些？"

该酒厂故作为难状。

该经贸公司更加着急，好话说了一大堆。该酒厂这才以关怀、同情的口吻说道："既然你们要与我们长期合作，考虑到我们的长远利益，我们可以给其他客户做做工作，每家匀出一点儿，给你们凑足10吨吧。”

该经贸公司大喜。该酒厂更是喜出望外了。

在上述案例中，该酒厂巧妙地利用了酒好、订单已满、看似真诚的巧妙语言等吸引了该经贸公司的注意，从而做成了生意。在实际销售中，经过周密思考和精雕细琢的巧妙语言，往往更有可信度。要想让这种真实的效果真正发挥出它的作用，就需要巧妙把握好以下两个步骤：

（1）合情合理。在你组织巧妙语言的时候，要尽量显得合情合理，符合当时、当地、当事人的实际情况，不能差距过大。

（2）态度诚恳。虽然销售过程中最重要的表达形式是言语，但同时，销售人员的情感、神态、动作、语调等也起着非常重要的作用。客户对你巧妙语言的接受程度，取决于对你表达的感知与理解的深浅。你态度越诚恳，表达越明晰、越确切、越执著、越有诱惑力，客户的感知与理解力就越强，因此，要千方百计调动客户的情感，使他对你建立起足够的信任，没有任何怀疑的余地。还要让客户明白：如果不相信你所说的，那么，便会给其自己带来麻烦；只有相信你所说的，他才能获得利益，迫使他只能做出“相信你所说的”，这是唯一选择。

为了使你所说的话更有效，销售人员还可以利用人们对共同点具有的认同心理。站到客户的角度上，设身处地为客户的利益说话，使客户感到你是为他好，双方的利益是一致的，并适当使用一些缓解对方警惕性的言语，诸如“考虑到我们双方的利益”“这是人人皆知的”“早就如此”“聪明的人都会这样做”之类。如此，客户自觉不自觉地会相信你所说的话。

用好沉默也能招大财

雄辩之中有艺术，沉默之中也有。

——弗兰克·贝特格

在通常情况下，人们会认为能说话、会说话是口才。殊不知，有时候不说话、保持沉默也是一种口才，甚至这时的不说话比说话的效果还要好。

美国大发明家爱迪生在发明了自动发报机之后，他想卖掉这项发明，然后用这笔钱建造一个新的实验室。因为不熟悉当时的市场行情，所以不知道自己的发明到底能卖多少钱，于是，爱迪生便与夫人米娜商量。但是米娜也不知道这项技术究竟能值多少钱，她一咬牙，发狠心地说："就要2万美元吧，你想想看，一个实验室建造下来，至少需要2万美元。"

爱迪生笑道："2万美元，太多了吧？"米娜见爱迪生一副犹豫不决的样子，说："我看能行，要不然，你卖时先套套商人的口气，让他先开价，然后看情况再说。"爱迪生想了想，觉得这种方式比较好，就决定试一试。

在当时，爱迪生已经是一位小有名气的发明家了。美国一位商人在听说这件事情后，表示愿意买爱迪生的自动发报机制造技术。在双方商谈时，这位商人问到了价钱。因为爱迪生一直认为2万美元的要价太高了，所以不好意思开口，于是只好沉默不语。

这位商人几次追问，爱迪生始终不好意思说出口，他想等他的爱人米娜下班回来后再说。但是，最后商人却没有耐心了，说："那我先开个价吧，10万美元，你看怎么样？"

这个价格大大出乎了爱迪生的意料，爱迪生感到大喜过望，当然在表面上他并没有表现出来，反而面带难色，说要等自己的妻子回来再商量一下。商人一看这种情况，也担心夜长梦多，于是对他软磨硬缠，爱迪生一看时机差不多了，便顺势与对方签了交易合同。

后来，爱迪生对他妻子米娜开玩笑说："没想到晚说了一会儿就多赚了8万美元。"

确实是这样，人们总是不愿意在接受别人批评的时候保持沉默。事实上，在人生的很多关口，譬如面对一个难以说服的客户，面对一个据理力争的争论，面对一个强词夺理的上司等情况下，人们完全可以保持适当的沉默，沉默可以给对方和自己都留余地，沉默甚至可以使局面发生翻天覆地的逆转。

沉默就是力量，在某些情况下，沉默比什么技巧都有效。

本章小结

1. 摸透客户的心思才能有针对性地开展下一步的销售工作。

2. 探试客户的心思的提问方式虽多种多样，但都是为了从更为直观和更为具体的方面去了解客户对于产品的意见。

3. 运用反问可以引发客户的思考，并让他说出自己的理由，但要注意在运用时语气要恰当适度。

4. 欲擒故纵能让客户产生购买的紧迫感，因此，有时候恰当运用反而能促使客户下定决心购买。

5. 让客户觉得将来很有必要购买或为以防万一购买产品，是让客户动心思的好办法。

6. 沉默也能招金。有时候不着急说出行情，也能让客户主动提供有关信息。

第三章

言语诱导，让客户顺着你的思路走

在销售人员与客户交谈的过程中，如何能让客户顺着销售人员的思路走是非常关键的。只有客户的思路与销售人员一致，客户理解了销售人员所传达给他的有关产品的各种信息，才会心甘情愿地做出购买的决定。因此，本章重点就如何说话，让客户顺着销售人员的思路走这个问题进行了说明，具体介绍了融化式说服、意境与体验式的说服、用有逻辑性的语言说服、引导客户说“是”、让客户进行自我说服等常用方法。

融化式说服消除客户戒心

尽量使自己成为一位随和的人，而且令人不致感到有压迫感。换言之，你必须是一个态度轻松自然、毫不做作的人。

——罗伯特·舒克

销售人员不要妄想一次就说服客户，让客户马上就相信自己，解除客户的戒心要像温暖的春阳融化大地冰雪一样，无声，缓慢，彻底；要像不断奔流的泉水一样，永远充满着不竭的活力，永远给饥渴的旅人以温柔的润泽，而不要像汹涌的波涛那样让人有千钧压顶之力，难以接受。这种无声无息就说服客户的方式称为融化式说服。

融化式说服的前提是你要给客户留下诚信的好印象，尤其是第一印象。如果是电话联系的客户，你给对方的第一印象不好，你将连和客户见面的机会也不会有。

那么如何做好融化式的说服呢？

（1）充满自信。要对自己的说服能力充满信心，对自己的公司产品或者服务充满信心。

（2）态度诚恳。在和客户进行洽谈时，要真诚地回答客户的问题，设身处地地为客户着想，本着为客户服务的思想。

（3）头脑灵活。和客户交涉的时候，能敏锐地捕捉客户内心的真正意图，并能迅速切入，对症下药。

（4）说话有分寸。在和客户洽谈比较敏感或者迫切的问题时，一定要记得说话要有大的回旋余地，以便于以后能够多次联络、合作。

（5）言而有信。如果和客户约定了什么事，就要保证做到。千万不要给客户不能兑现的空头承诺。

（6）切忌背书一样的业务宣讲。这样给客户留下的印象会是你对业务不精，是在敷衍他。记得将你的解说词组织得犹如你和客户拉家常一样的随意、流畅、灵动。

总之，采取融化式说服时，要注意自然大方，让客户觉得你有亲和力，是真诚地在为他着想。相信，随着在实践中的多次应用，销售人员对这种说服方式的运用会越来越熟练。

描绘美妙意境感染客户

厉害的销售人员都善于用字遣词，营造情境。

——金拉克

说服必须要为客户营造出一种适当气氛和意境，通过全方位的感受来影响客户做出购买的决定。

怎样才能够激发客户的想象，让他们得到拥有这种产品之后的美妙感受呢？这里介绍两种方式：第一种是上面说的让客户亲自体验一下；第二种就是通过语言，用你的语言描绘出客户拥有了这种产品后的情景，让其产生拥有这种产品之后的美好感觉。

当然，在你说这些话的时候，你要尽可能地压低声音，减慢语速。另外，要显示出充分的信心，让客户感到你在这个方面是最权威的。这样他们就会相信你所讲的每一句话。例如，你要是跑步机的销售人员的话，你可以这样说：

“当您早上起床，穿上运动鞋和休闲装，您打开窗户，深呼吸一口清新的空气，明媚的阳光照在身上，然后您踏上跑步机，轻松舒畅地开始跑步，您的速度由慢到快，当您轻微有些出汗时它会提醒您时间到了，然后您开始洗浴，梳洗整齐，穿上刚刚熨烫过的职业装，信心百倍、神清气爽地走出家门，开始一天的工作。”

这种方法也可以用来介绍产品的功能。例如，你是打印机的销售人员，你可以目光温和地直视着你的客户，缓缓地说：

“如果家里有这样一台多功能打印机，会给你带来无穷的乐趣和便利。客户打电话过来需要发传真，不必去找传真机，你只需轻轻按下接收传真的按键；如果你需要把一些重要的图片放在电脑里，不用去找扫描仪，只需把图片放好，按一下扫描的按键，资料就会输入你的电脑；如果你需要的资料很多，也不必到外面去复印，自己就可以做；另外，你还可以利用它制作自己喜欢的各种照片，形象逼真，会让你爱不释手。”

相信客户听了你生动形象的描述，肯定会动心的。这种绘声绘色的描述其实比干巴巴的介绍要管用许多倍。因为这样可以让客户感觉到拥有这个东西之后的幸福、快乐。做到了这一点，你的销售就成功了一半。

说服客户体验情境

客户在体验过产品之后，你就要及时地问，问什么？问客户对产品的感觉，因为这样就能让客户把这种感觉说出来，从而加深他们对产品的感觉力度，那么让他们做出购买的决定也就容易多了。

——布莱恩·崔西

众所周知，客户通常是不信任销售人员的话，正所谓“眼见为实，耳听为虚”，如果让客户自己在没有购买的前提下，先试用一下的话，客户一般都会欣然接受，他们想通过自己的亲身参与来决定产品是否适合自己，当体验完产品后，如果他们想购买产品就会非常果断地交易，因为他们相信自己的感觉。

正是因为这个心理细节，越来越多的商家开始让客户去体验产品，大到买房买车，小到油盐柴米酱醋，这种让客户事先体验的方法在社会生活的方方面面不断渗透。

乔·吉拉德在推销过程中，他也非常注重客户的参与，并经常诱使他们亲身体验、感受一下产品及其功能。

在这个体验的过程中，他善于通过一些小细节、小妙招来引导客户，诱使客户购买产品。比如，他在与客户进行沟通的时候，总是想方设法让客户“闻一闻”新车的味道。

他总是主动邀请客户走进驾驶室，握住方向盘，让客户自己触摸操作一番。如果客户的家就在附近，乔·吉拉德还会建议他把车开回家里，让客户在家人面前炫耀一番再开回来，通常，在客户经过这样一番亲近后，会很快就被新车的“味道”所陶醉、俘获。

根据乔·吉拉德的经验，凡是坐进驾驶室把车开上一段距离的客户几乎没有不买他的车的。即便当时不买，不久之后也会来买的。

人们之所以在参与后很容易决定购买，是因为客户会在体验中，经过销售人员的指引，发现产品和客户的接触点，销售人员经过对这些点的介绍，让客户更加认同产品。举个例子来说，当客户在试用轿车的时候，销售人员通常会着重强调产品的一些功能优势，然后，让客户体验这些功能，客户感受到了这种功能优势后，就在心里逐渐认同这件产品，随着客户不断深入的体验，他会发现这件产品有很多优点、很完美，并且新产品的气息会深深吸引住客户。这样，客户就会对产品爱不释手了。

那么，销售人员在采用体验式推销的时候，需要怎样做呢？

（1）对目标客户心理分析和沟通。随着社会和经济的发展，竞争的激烈迫使营销不仅仅是卖东西，还卖交情、卖理解、卖服务、卖感受、卖体验。

当产品的目标群体已经确定后，就要首先研究和了解目标客户的消费心理及购买产品期望获得的额外价值。

在这个过程中，销售人员就要注重和客户之间进行有效的沟通，看客户是否有怀旧情结；是否渴望不朽；是否具有权力支配欲望等情感欲求，站在客户体验的角度，去审视自己的产品和服务。

通过沟通、了解，销售人员就可以根据其兴趣爱好，通过对产品各种功能的介绍，刺激客户的感官，激发出对方内心的一种情绪，如快乐、自豪、高兴等，调动他们的情感感受，营造一种良好的体验氛围。

当然，这个过程不是把产品的概念强加给客户，而是通过引导客户去思考、去行动，并从中体会到个体的自由，过程的快乐，进而接受产品与品牌。

（2）综合体验产品。客户对新产品的功能和使用都是有些生疏的，这时候，销售人员就是一个引导者，要做的就是增加产品的“体验”含量，也就是让客户在体验中感觉到物超所值，这样客户才会购买，销售人员才能为企业带来可观的经济效益。

那么，怎样才能让客户感觉到高质量的体验呢？销售人员不要孤立地去思考一个产品（质量、包装、功能等），还要通过各种手段和途径（娱乐、店面、人员等）来创造一种综合的效应以增加消费体验；不仅如此，而且还要跟随社会文化消费向量，思考消费所表达的内在的价值观念、消费文化和生活的意义。

因为客户不仅仅购买产品本身，其购买行为还会受到产品所带来的价值观念和生活方式诱惑。所以，客户在购物前、中、后的体验已成为增加客户满意度和品牌忠诚度的关键决定因素。

总之，通过让客户进行感官上的亲身体验，让客户身临其境，创造美好想象与联想，激发和加强其购买欲望，进而促使购买行为的产生。

加强话语的逻辑性

销售人员有效的聆听和提问技巧是相当重要的，因为销售人员可以从这些技巧的运用中获得推销所需要的有价值的信息。

——雷蒙·A.施莱辛斯基

每个人都有逆反心理，不会轻易被别人说服的。这需要有高明的说服技巧，而要掌握这些技巧，说服者必须具备无懈可击的逻辑思维能力。

作为一名销售人员，最怕遇到、最难打交道的就是那些顽固的客户。这种人自以为是，很难改变自己固有的观念。当你和他的意见相左，试图劝说他时，他甚至会把你当敌人来看待。要说服这样的人，必须要讲逻辑，让对方挑不出毛病，最终不得不同意你的观点。

意大利物理学家伽利略年轻时立志从事科学研究，可他的父亲坚决反对。伽利略希望得到父亲的支持和帮助，却屡次遭到拒绝。伽利略知道父亲是个相当固执的人，为了说服父亲，他想到一个非常高明的办法。

有一次，他对父亲说："父亲，我想问您一件事，是什么促成了您同母亲的婚事？"

父亲回答说："因为你的母亲十分吸引我。"

伽利略又问："那在此之前，您有没有娶过别的女人？"

“没有，孩子。”父亲说，“家人曾经给我介绍过一位富有的女士，可是我只对你母亲情有独钟。”

伽利略说：“您说得一点也没错，您不曾娶过别的女人，因为您爱的是母亲，可是您知道吗？我现在也面临同样的处境！除了科学以外，我不可能选择别的职业，因为我喜爱的正是科学！其他事物对我而言，都毫无用途与吸引力！难道我要去追求财富或是荣誉？科学是我唯一的需要，我对它的爱，就如同对一位美貌女子的倾慕。”

父亲说：“像倾慕女子那样？你怎么会这样说呢？”

伽利略说：“一点也没错！亲爱的父亲，我已经18岁了！别的学生，哪怕是最穷的学生都会想到自己的婚事。可是，我却从没想过。因为别人都想寻求一位标致的姑娘作为终身伴侣，我却只愿与科学为伴。”

父亲不说话了，只是默默地听着。

伽利略继续说：“亲爱的父亲，为什么您不能帮助我实现自己的愿望呢？我一定会成为一位杰出的学者，并能获得教授身份。如此，我便能以科学为生，而且比别人生活得更好。”

父亲为难地说：“……可是我没有钱供你上学。”

伽利略激动地说：“父亲，您听我说，很多穷学生都能领取奖学金，这些钱是公爵和宫廷给的，我为什么不能去领一份奖学金呢？您在佛罗伦萨有许多朋友，交情也都不错，他们一定会尽力帮助您的。这样，您就能到宫廷去处理这件事了。”

父亲被说动了：“嗯，你说得有理，这是个好主意。”

伽利略抓住父亲的手，开心地说：“父亲，求您尽力而为。我向您表示感激之情的唯一方式，就是保证自己成为一个伟大的科学家！”

在这里，伽利略将科学事业比作终身伴侣，凭借一番在逻辑上无懈可击的言论说服了父亲，同时也实现了自己的理想，成为世界著名的科学家。

顽固的客户并非不能说服，而在于劝说他的人是否有足够的耐心和高明的策略。因此，当销售人员试图说服一个顽固的客户时，一定要仔细揣摩对方的心理，寻找他的弱点，有针对性地采用相应的说服策略，一定能取得意想不到的效果。

用语言诱导说动客户

引诱客户按照你的方式进行思考，把你的意见渗透到他的决定当中。

——弗兰克·贝特格

销售人员在说服的过程中，应该正确地使用引导语，以使说服取得理想的效果。同时，语言诱导不可滥用，一定要恰到好处。

（1）要有目的性地进行语言诱导。销售人员在进行语言诱导的时候，必须有一个明确的目的，必须让说服过程中所有的语言指向这个目的。例如，你要说服客户购买你的产品进行减肥，在设计以减肥为目的的诱导语言时，必须围绕着减肥进行。你可以暗示客户说："想象一下，使用了这个产品后，你身材越来越好了，你再也不用担心那些热量很高的食物了，你会达到自己想要的体重……"

要想实现诱导的特有效果，必须让设计的说服语言指向一个明确的目的，不可没有目的或是目的不够单一地去进行说服活动。

（2）语气一定要带有诱惑性。同样的语言，在一流的销售人员口中会带给人强大的暗示和指引作用，而让普通人说出来却显得毫无价值。销售人员的目的在于引导客户进入说服中，并且可以毫无防备地接受销售人员所施加给他的各种语言暗示，因此如何让这些有价值的引导语言完全进入人的意识中，就需要一定的专业经验积累。

如果在说服中依然使用和平常一样的腔调，甚至依然采用命令性的语气，可能会丧失客户的信任和好感。此时销售人员的语气要轻柔且让人感觉到像是一种来自遥远的引导指令，让人们自然而然地接受这些指令。

（3）诱导用词要具有适当性。在诱导进入说服的过程中，要注意运用合适的时间词，要让这些代表时间的词或短语可以引起人们的注意力。如：

“在决定拥有这件产品之前，你真的想感受一下它的功效吗？”这句话让人将注意力引导到是否要感受产品功效，而且还假设他会试用这件产品。

“在你完成这项计划前，我想和你讨论点东西。”这句话假设了他将会完成这项计划。

“你打算多快作这个决定？”这句话暗示了他一定会做出决定。

“你准备什么时候开始更进一步合作？”这句话暗示了他已经处在合作状态，同时他还要继续合作下去。

对于一些带有否定色彩的词语，销售人员在运用的时候也要根据实际情况酌情使用。如“在你没有做好充分准备前，不要轻易购买”，这句话其实暗示了你一定会购买。这种恰如其分的暗示，会让客户对你更信任。

引导客户一直说“是”

与其改变消费者固有的想法，不如在消费者已熟悉的想法上去引导消费者。

——史玉柱

在对客户进行说服时，最怕对方一开口就说“不”，这是最不容易克服的障碍。

要想成功地说服客户，在刚开始的时候，就要想办法得到很多“是”的反应，唯有如此，才能将客户引向你希望的方向。

这里有一个销售人员爱力逊自述的故事：

在我负责的推销区域内，住着一位有钱的大企业家。我们公司极想卖给他一批货物。

过去那位销售人员几乎花了10年的时间，却始终没有谈成一笔交易。

我接管这一地区后，花了3年时间去说服他，可是，也没有什么结果。

经过不断地访问和会谈后，对方才只买了几台发动机，可是我希望以后他会买我几百台发动机。

发动机会不会发生故障？我知道这些发动机是不会有任何故障的。过了些时候，我去拜访他。我原来心里很高兴，可是我似乎是高兴得太早了点，那位负责的工程师见到我就说：“爱力逊，我们不能再买你的发动机了。”

我心头一震，就问：“什么原因？难道我们的发动机有什么问题吗？”

那位工程师说：“你卖给我们的发动机太热，热得我的手都不能放在上面。”

很显然，他是在找借口，还是不想买我们的发动机。只要有一点常识的人都知道：要将手放在正在运行的发动机上，根本就是不可能的。

我知道如果跟他争辩，不会有任何好处的，过去就有这样的情形，现在，我想运用让他说出“是”字的办法。

我向那位工程师说：“史密斯先生，你所说的我完全同意，如果发动机发热过高，我希望你就别买了。你所需要的发动机，当然不希望它的热度超出电工协会所定的标准，是不是？”他完全同意，我获得他第一个“是”字。

我又说：“电工协会规定，一架标准的发动机，可以较室内温度高出60℃，是不是？”

他说：“是的，可是你的发动机却比这温度高。”

我没和他争辩，我只问：“工厂温度是多少？”

他想了想，说：“嗯！大约30℃。”

我说：“这就是了。工厂温度30℃，再加上60℃，一共是90℃。如果你把手放在90℃的物体上，是不是会把手烫伤？”

他还是说：“是”。

我向他提出一个建议：“史密斯先生，你别用手碰那架发动机，不就行了！”

他接受了这个建议，说：“我想你说得对。”

我们谈了一阵后，他把秘书叫来，为下个月订了差不多3万美元的货物。

爱力逊说他花费了多年的时间，最后才知道争辩并不是一个聪明的办法，而是应该充分了解对方的想法，设法让对方回答“是”，那才是一套成功的办法。

用专业问题循循善诱

今天我要学习一些东西，使我的明天更为专业。

——金拉克

一位电子产品销售人员在推销产品时，与客户进行了这样一番对话：

销售人员："您孩子快上中学了吧？"

客户愣了一下，说："对呀。"

销售人员："中学是最需要进一步开发智力的时候，您是不是很想提高孩子的智力？

客户："是啊，不过还不知道怎样做才有效。"

销售人员："我这儿有一些游戏卡，对您孩子的智力提高一定有益。您肯定认为给孩子买游戏卡会耽误他的学习是吧？"

客户："呵呵，是这么想的。"

销售人员："我的这个游戏卡是专门为中学生设计的，它是数学、英语结合在一块儿的智力游戏，绝不是一般的游戏卡。"

客户开始犹豫。

销售人员接着说："现在是一个知识爆炸的时代，不再像我们以前那样一味从书本上学知识了。现代的知识是要通过现代的方式学的。您不要传统地以为游戏卡是害孩子的，游戏卡现在已经成了孩子的重要学习工具了。"

接着，销售人员从包里取出一张磁卡递给客户，说："这就是新式的游戏卡，来，咱们试一下。"

果然，对方被吸引住了。

销售人员趁热打铁："现在的孩子真幸福，一生下来就处在一个良好的环境中，家长为了孩子的全面发展，往往在所不惜。我去过的好几家店都卖这种游戏卡，家长们都很高兴能有这样有助于孩子的产品，还希望以后有更多的系列产品呢。"

客户已明显地动了购买心。

销售人员："这种游戏卡是给孩子的最佳礼物！孩子一定会高兴的！您想不想要一个呢？"

结果是，客户心甘情愿地购买了几张游戏卡。

在这里，销售人员巧妙地运用了提问的艺术，一步一步，循循善诱，激发了客户的购买欲望，使其产生了拥有这种商品的感情冲动，促使并引导对方采取了购买行动。这位销售人员够专业吧？

说中客户的要害

话不在多，说中则灵。

现代营销学认为：销售就是服务，创造客户价值。但很多销售人员关注自己太多（如关注自己的品牌如何、服务如何）而对客户的需求偏好、期望值、价值观等却关注太少。

以推销牛奶为例，常常出现这种场景：

销售人员："您好，我们又推出了一款新牛奶，有××、××的特点，您看您需要吗？"

客户："不需要。"

销售人员："但是我们的牛奶确实很棒……"

客户："这跟我有什么关系呢？我从来不喝牛奶，可我活得很好！"

销售人员："……"

在这里，销售人员根本没有考虑客户的需求，完全是无的放矢。所以，客户几句话就把他打发了，这是很失败的说服。

如果使用下面方法，就能容易被客户接受：

销售人员观察客户一段时间，发现客户腿脚不利索，就此判断是因缺钙造成的。于是，销售人员找准合适的地点，比如：

上楼时，销售人员对客户说："您当心点，看您很累，我来搀您上去。"

客户："谢谢你了，老了，腿脚不好了。"

销售人员："怎么能这么说呢，您还要再享几十年福呢，上点年纪的人钙流失得快，要注意补钙，这样腿脚才利索。"

客户："可不是吗？不过吃钙片补充效果不是很好。"

销售人员："喝牛奶效果不错，因为人绝大多数营养都是从饮食中获得的。阿姨，您看这样，我们刚好有低脂高钙的鲜奶，您喝喝试试。"

客户："听起来确实很好，那我就试试看。"

这位销售人员之所以能成功说服客户，就在于他发现了"客户缺钙"这个要害，从而以此为切入点，找到了客户的潜在需求。

所以说，要使说服获得成功，就要找到客户的需求点，找到客户的弱点与软肋进行重点突破，并及时满足客户。

把销售的理由变成客户需要购买的理由，由销售人员"我要卖"转变为客户"我要买"。以客户为中心，以需求为导向，找到客户的要害，才是说服的关键所在。

让客户进行自我说服

你是在帮助准客户，你要除去他们害怕损失金钱的心理。你不是在创造恐惧，你是在除去恐惧。

——金拉克

在这个世界上，没有人愿意被别人说服。但是，如果让客户自己说服自己，他一定不会排斥，甚至会很佩服自己的思辨能力。

然而，说服客户已是不易，让客户自己说服自己，岂非更难?

事实上，这并不难做到。具体来说，可以采用以下两种方式：

（1）让客户在了解所有信息的基础上，自己作决定。无论你要说服客户购买什么产品，你都必须先让客户知道有关产品的所有信息，包括产品性能、工作原理、使用方法等。这样做的好处在于：一是取得客户的信任，二是让客户有了参与感。满足了这两个条件，就可以保证让客户做出购买决定。客户之所以决定成交，就是因为他们相信在销售过程中，这个重要的决定是自己的主张。这时候，你要不失时机地赞扬客户的这项主张。客户在扬扬自得之际，就算你要阻拦他购买，他也会全力维护自己的决定。这就是客户的自我说服。

（2）让客户陷入自我矛盾之中。每个人都有虚荣心和自尊感。假如你能让客户陷于自我矛盾当中，客户就会维护自己的观点，即使这个观点是错误的，他也不好意思更改。

本章小结

1. 如果你的语言从心理上打动的客户，扭转了客户的偏见，让客户认同了你的观点，你就胜利了。

2. 用融化式的说服性语言的关键就是像春风化雨一样，让客户在不知不觉中被你打动。

3. 为客户描绘出意境、说服客户去体验产品或者打比方，都是为了让客户对产品感到形象、可感，增进客户对产品的感觉，而不是“意识”。

4. 专业问题在引导客户时起到的效果不容忽视，因此，销售人员一定要注意加强业务能力的学习。

5. 面对客户的说服工作方法多种多样，最关键的是说中客户的心理要害，而且最高超的办法是让客户进行自我说服，让他自己说服自己去决定购买产品。

第四章

因人而谈，妙对各种类型客户

俗话说：“人上一百，形形色色。”销售人员面对的客户也是各种各样的：有人爱挑刺找麻烦，有人爱货比三家，有人不管你怎么说他都对商品疑虑重重……那么，如何应对这些客户？因人而异，巧语妙谈，一定能根据实际情况，说服这些客户的。本章根据实际情况，将各种典型类型的客户进行了分类，总结出了应对客户的相应的技巧，并在这里逐一进行分析，以帮助销售人员在实践中总结和提高。

应对只接受资料的客户

把你所知道的尽最大可能让客户了解。

——弗兰克·贝特格

有些客户在听到销售人员的推销时，往往要求将资料留下来，或者利用网络传递过去，而拒绝和销售人员面谈。这时候，销售人员该如何打消客户只接受资料的借口，而让客户接受与他面谈的建议呢？

一位销售人员到了一家公司，开始向该公司的总经理推销他的笔记本电脑。这位总经理平日应付的销售人员够多的了。所以他只是很随便地说了一句："知道了，那你先把相关的介绍资料给我吧。"

很明显，该经理根本就没有购买的意思，只是随口敷衍了一句。虽然表面上客户并没有说没有兴趣，但是他只是冷淡地让销售人员把资料留下，就表明了他根本对此没有兴趣，留下资料后翻看的机会很小，那么面对这种情形销售人员应该怎么应付呢？

可以看一下下面的几个解决方案。

方案一："先生，我们的资料都是精心设计的纲要和草案，而且都是专业术语，必须配合人员的说明和解释，而且要对每一位客户分别按个人情况作修订，等于是量体裁衣。所以，如果您今天没有时间的话，那我星期四或星期五过来给您具体讲解。您看是上午还是下午比较好？”

方案二：“是的，先生，是这样的，正因为您的时间很宝贵，所以如果让我先跟您讲一下，再把资料留给您的话，您在看资料的时候可以有重点地阅读，这样可以节省您更多的时间。您放心，我不会超过10分钟的，不知道您是星期一晚上还是星期二晚上方便呢？”

方案三：“是的，介绍人赵小姐特别告诉我，说您是这方面的行家。不过，我们所要谈的不是如何做这份工作，而是在经营一项事业，是非常特别的；很多人到我们公司来以前，想法都和您一样，但听过我们的说明以后，他们发现这是一个新生的事业，不知道您是星期一，还是星期二晚上方便呢？”

这三个方案把见客户的理由充分说明之后，便对客户提出时间上的约定请求，而且是用“二择一”的方式提出的，这样一来就把客户的借口转化成约见的必然要求了。

应对货比三家的客户

应该使准客户感到，认识你是非常荣幸的。

——原一平

当销售人员刚刚向客户将产品的每项优点都解释清楚之后，客户却说："我想到别家再看看。"这实在是很令人气馁的事。不过在面对这种情况时，优秀的销售人员会利用各种技巧，转变客户的看法，当场完成推销。

（1）强调产品的品质。当客户说出"我想到别家再看看"这句话时，销售人员首先要分辨出他想到别家看的究竟是什么？是价格，是质量，还是服务，只有在弄清楚这一点后才能对症下药。

如果客户是出于价格的因素，就可以这样对他说：

"先生，每个人都希望买到物美价廉的商品，您到别的公司去看，他们的价格可能真的比我们的价格低。但是我可以打包票地说，绝没有第二家能以这个优惠的价格来给您提供这么高质量的商品和优良的售后服务了。"

在说完这句话后，最好要给客户留下足够的反应时间。因为你所说的都是实话，客户几乎没有办法来反驳这个事实。那么接下来，你就可以这样对客户说：

“先生，您不认为以这个价格来购买我们的产品和服务，是一种很划算的交易吗？”

因为你的产品的品质和服务确实符合这样的价格，所以你的客户如果不是故意刁难，应该不会做出否定的回答。然后，你可以继续问：

“先生，购买商品时肯定要考虑价格，但它并不是首要的，有时多花些钱来获得真正想要的优质产品，绝对是值得的，您说是吗？就像有些公司的采购人员只是致力于从供应商那里尽量获得最低的价格，而并不考虑产品本身的质量和以后的服务。我们知道，有时低价位产品产生的问题往往比它能够解决的问题还要多。而那些资深的采购人员，更愿意获得最高品质的产品，而不是那些低价位的产品。先生，我想您肯定不会为了贪图那一点便宜，而不顾产品质量的好坏和服务的优良与否吧？您肯定会为了您的长期利益着想，对吗？”

（2）对客户的要求表示理解。例如，某客户需要买一台笔记本电脑，以便生意上的沟通能够更方便、更快捷。他跟销售人员通了电话，听了介绍后，他说想再到别家问问。在这种情况下，就应该设法让客户说出他真正反对的理由，销售人员可以用下面的办法：

销售人员：“先生，跟您一模一样，很多客户在购买我们的笔记本电脑之前，想再到别家比较比较。我肯定您也一样想以手头现有的钱买到最好的笔记本电脑，以及最好的售后服务，对吗？”

客户：“那当然是肯定的啦。”

销售人员："您可不可以告诉我，您想看些什么或者比较些什么呢？"

客户："……"（这时他说的第一句和第二句话，应该都是真正的反对理由——除非他只是想摆脱你）

销售人员："在您跟别家公司做完这些方面（一个个说出来）的比较之后，发现我们的最好，我想您一定会回来跟我购买的，对吗，先生？"（好了，这会儿是让客户说出打算的时候了。）

（3）不妨摆出一种高姿态。

客户："不好意思，我只是想试一下，我想到别家再看看。"

销售人员："既然您对这种商品的效用有点疑虑，那么我现在就给您比出效果来。您看，这是50元的，我们现在来跟这100元的比一下（做演示）。您看这效果是明显的不一样。如果您还是不相信的话，也可以再到别家问问，反正我的商品不怕试，也不怕比。即使您到别家去，也是还会再来的。"

在这里，销售人员就是向客户摆出一种高姿态："我们公司的东西不论从质量，还是价钱方面都是最棒的，您随便到哪家问，哪家比，都是还会回来购买的。"在实际的推销中，这种方法是比较有效的，客户一听销售人员这样说，很可能就不会再犹豫了。

应对向熟人购买的客户

要想使消费者买你的东西，还得仔仔细细分析“上帝”们的购买心理。

——乔·吉拉德

当销售人员上门推销时，很可能会碰到这样的客户，他会先问一下产品的名称和制造厂商，然后说：

“谢谢你，你很辛苦。不过很抱歉，前几天一个熟人跟我介绍过这个产品了。”

“很对不起，我不能跟你买，因为制造工厂，有我的朋友在那里，不向我的朋友买好像说不过去。”

针对客户的这种借口，很多销售人员往往束手无策，最终也只能知难而退，放弃推销。

其实，这种失败显示了销售人员对于这种论调的处理方法缺乏研究。的确，碰到这种“立场坚定不移”的客户，会让人不知如何开口，尤其对新手来说更是无所适从。

当遇到客户的这种借口时，销售人员千万不要知难而退，而应该试着去确定一下此话是否属实。

“是吗？很好，能够向自己的朋友买再好不过了，你们是认识

多年的好朋友吧！”（稍微停顿一下）

这时客户倘若善于应付销售人员的话，当然另当别论。但是，一般的客户都会说：“哦！大概是这样子的吧！好多年了！”或说：“叫我怎么说呢？”或说：“你管太多了！我的朋友与你有什么关系啊！”

在上述情形下，你都可以安心了，因为你知道对方的相反意见，无疑是拒绝的托词。此刻，你可以说：“这个请您做参考好吗？”一边拿出产品说明书、图样来给他看，或一边操作示范机器；同时劝导客户买下来。

但是万一这相反的论调是事实，你断定应付起来较为棘手，可以根据那句“我那里有熟识的朋友”。判断出客户还有购买商品的可能，不妨向他说：

“是这样啊？您跟公司的王先生是朋友啊？电器公司的产品在这一行是数一数二的，信誉卓著（即使是竞争的同行，也不可说它坏话，称赞人家就表示对自己公司的产品有信心）。不过我们公司出的产品也不落人后，请您看一看吧！我们这个连接器保证绝不输于电器公司的连接器。我知道贵公司一向都是使用高级品的，最合适不过了。为了求进步，您采用我们公司产品试试，也不会对不起朋友的公司呀！是吧？”

一旦客户说：“好吧！那就用一次试试看。”那很可能就大功告成了；但是如果商品完全相同，客户一点儿也没有改变心意时，销售人员必须想办法游说，或作个长期计划，先慢慢成为客户的朋友，再逐步进行推销事宜。

应对跟着兴趣走的客户

和你的准客户进行心灵访谈，使你的准客户和你沟通时达到最舒适的程度。

——金拉克

经常碰到有客户会说“不需要”“没兴趣”之类的话，这时应该怎样去解决?

台湾某著名电脑公司销售人员阿信曾经苦闷极了，他在推销电脑的过程中几乎绞尽了脑汁，去介绍产品的性能如何如何好，但客户们似乎都没有兴趣。后来经过高人点拨，他想到了一个办法。

那天，他敲开一家公司采购部负责人的办公室，这家公司他以前曾经来过多次，但都没能成功。

这一次，阿信不再滔滔不绝地讲述产品性能，而是微笑着问：“先生，我不想多说我的产品，我只想问贵公司目前最关心的是什么？贵公司目前为什么事而烦恼？”

对方叹了口气：“承蒙您这么关心，我就直说了吧，我们最头痛的问题，是如何减少存货，如何提高利润，您的产品我们真的没兴趣呀。”

阿信却没有说什么，马上回到电脑公司，请专家设计了一整套方案：如何使用自己公司的电脑，使公司存货减少，利润增加。

当阿信再度去拜访这个公司采购部负责人时，边出示那套方案，边热情介绍："先生，请您看一下这套方案，希望能够减轻您的烦恼。"

采购部负责人将信将疑翻开那些资料，越看越高兴："先生，你的策划方案太好了！请将资料留下，我要向上级报告，我们肯定会向你订购电脑的。"

后来，他们果真向阿信订了一大批货。

阿信应对没兴趣的客户的办法是什么？是在客户对自己的电脑没兴趣时，转而向客户了解他的"迫切需要"在哪里，当客户对某一个产品有了迫切需要时，他还能拒绝你提供的产品吗？而阿信妙就妙在，把客户对软件的需求，嫁接在自己要推销的电脑中，如此一来，客户还能拒绝买他的电脑吗？

应对凭经验判断的客户

知道他有需要，也知道你有解决问题的方案。自然进入解决需要的阶段。

——金拉克

许多客户购买产品时往往是凭着别人或自己以前购买的经验来对同类产品进行判断，尤其是在面对他们不满意的产品的时候。那么，销售人员在面对这种凭经验进行判断的客户时，该如何应对呢？

如果客户说："以前用过你们的东西，很糟糕；虽然你们说是已经改善了，但你们出品的产品质量我很清楚。"

面对客户的这种借口，有很多销售人员往往会反驳说："哪有那回事？"然后又把改善的部分啰啰唆唆地说了一大套。甚至还会跟客户发生争辩，搞得面红耳赤。

销售人员应该明白的是，客户之所以有反对意见，大半是基于某种误解，由于日积月累的偏见所致，销售人员务必寻找出原因，方能适当地做一个处理。此时销售人员可以采用以下几种方法征求客户意见：

A. 开放型："这是怎么回事呢？"要概括地询问。

B. 半开放型："您说的是关于产品还是售后服务呢？"

C. 肯定型："关于哪几点非常好呢？"只谈优点。

D. 否定型："关于哪几点是不理想的？"只谈缺点。

E. 选择型："您说的是操作、设计、安装方面，还是售后服务方面？"让客户在几个问题中选择。

F. 强制型："在故障方面您以为如何？"只集中强调某一点来讲。

以上这些探讨方式均可发生功效，可以帮助销售人员搞清客户到底在哪一个方面有意见，然后进行有针对性的说服工作。

应对喋喋不休的客户

任何成功者都懂得这样的格言："拖延无异于死亡。"

——乔·坎多尔弗

有的客户与销售人员谈起话来，喋喋不休，没完没了，这时，面对这样的客户，销售人员应该怎样应对呢?

这种喜欢与销售人员攀谈的客户，通常可分为两种类型：一种是故作喋喋不休型的，即只是想利用他的口才来使销售人员退却；另一种则是天生爱说话型的客户。下面具体来分析一下应对这两种不同类型的客户的方法。

（1）应对故作喋喋不休型的客户。这种客户往往有意拿"神侃"作为挡箭牌，占用销售人员的时间，使销售人员将时间放在听他海阔天空不着边际地"胡侃"上，而分身乏术。在这种情况下，有经验的销售人员首先要及时从大幅的说话内容中发现自相矛盾之处，分辨出他们内心真实的想法和对推销的抵触原因所在。然后，要尽快给客户一种错觉，让他觉得销售人员一直在全神贯注地听着，而且被他所说的话已经弄得糊里糊涂的了。这时，这种客户往往会放松警戒和抵触心理，甚至开始对产品进行评价（负面评价往往较多）。这个时候，销售人员可以利用对方内心的矛盾、误解、欲望，用简洁的方式突然直击其要害，迫使客户对关键环节表态，促使事情明朗化。

（2）应对天生爱说话型的客户。销售人员应对这种说起话来

“喋喋不休，没完没了”型的客户，完全可以用一句话来概括：一不怕“苦”，二不怕“累”。

这种嘴上无遮拦、貌似难对付的客户其实往往并没有多大的心机，所以你对待这种客户，第一要做到不怕“苦”，任他驳你、贬你、讽刺你，始终不露“怯”色，一脸风平浪静状；第二要不怕“累”，你要挺住，让他说个痛快，他在尽兴之后，往往会反省自己，下一次就会比较友好地对待你，并且把自己摆在听众的位置，听你说话了。

此外，对付这种人要严格限制交谈时间，销售成功的关键是看你在1天、1周或1月内销出商品总量的多少，而不是某一天你终于说服了某一客户。要保证总量，就要提高效率，要提高效率，就得在短时间内完成你的交谈。

销售人员必须单刀直入，直接涉及问题的关键，而结束客户漫不经心的闲扯。但提问题时，态度要诚恳，使对方感到你坦诚相待。这时如果客户再打开他的话匣子，也许就会露出更多的弱点。因此，对于喜欢逞口舌之能的客户，销售人员要仔细去听，并分析判断出隐藏在“谈话”中的实际问题，提问要坚决果断。

实践证明，客户买不买并不会随着时间推移而改变，其购买欲在交谈开始几分钟内就已经确定。有时候，你费上几小时的工夫也不见得有成就，这不仅打击了你的积极性，也耽误了你同别的客户的沟通时间。

应对沉默寡言的客户

把谈话中的沉默视为坏事是可悲的。坦率地说，我把这种沉默看作是每一次商谈中停下来思考的机会。

——里奇·波特

沉默寡言的客户与喋喋不休的客户刚好相反，他们老成持重，稳健从容，对销售人员的宣传劝说之词虽然认真倾听，但是反应冷淡，不轻易谈出自己的想法，其内心感受和评价如何，有时令销售人员难以揣测。

一般来说，沉默寡言的客户比较理智，感情不易激动，销售人员应该避免讲得太多，尽量给对方讲话的机会和体验的时间。进行面谈时，销售人员要循循善诱，着重以逻辑启发的方式劝说客户，详细说明产品的使用价值和推销利益所在，并提供相应的权威资料和证明文件，供对方分析思考、判断比较，加强客户的购买信心，引起对方的购买欲望。

有时，客户沉默寡言是因为他讨厌销售人员或反感推销的商品，他们对销售人员或产品的主观印象欠佳就会闭口不理。对待这种客户，销售人员要表现出诚实和稳重，尤其要注意谈话的态度、方式和表情，争取给对方留下良好的第一印象，提高自己在客户心目中的美誉度，善于解答客户心中的疑虑，了解和把握对方的心理状态，才能确保双方面谈过程不至于冷淡和中断破裂。

沉默寡言的客户所以“金口难开”有两个原因：

第一，惧怕销售人员的“嗅觉”。他知道销售人员的感觉十分敏锐，善于察言观色洞察客户的想法，然后再引着客户跟他上一条“船”。所以他担心自己的想法会被销售人员觉察到。怎么办呢？最有效、最直接的方法就是闭口不言，销售人员就没办法知道他心里想什么，从而也不可能被牵着鼻子走。

第二，对自己的“抵抗力”缺乏信心，认为自己根本不是销售人员的对手，在交易中被对方引诱利用，没有反驳对方的本事，只有被说服的份，因此还是不说话比较保险。

销售人员对少言的客户应给予理解，相信自己是有能力和他完全沟通的。由于这类客户的行为动机很多，又各不相同，所以你必须要仔细观察对方，通过他的表情态度以及拒绝你的理由来分析判断，选择适当的方式出击。如果一开始对方不理睬你，不与你搭话，你要采用“试探”的原则，变换谈话话题或谈话方式，尽可能吸引对方。

对有“口一开，祸事来”心理的客户，你不要谈生意场上的事或你的推销经历，不要给他一种你“能言善辩”的感觉，这样他会觉得你这人比较安全，他能够在与你的交易中把握自己，对自己产生信心。

对“当时的心境以不说为妙”类的客户，你可以找个开口的话题或找一个能使他产生“同病相怜”感觉的话题。总之，你要有针对性。

遇到有“急于把销售人员撵走”心理的客户拒绝你，只能怪自己来得不凑巧，最好还是“一走了之”，等以后有机会再做交易也不迟。

应对喜欢争论的客户

如果不能控制脾气，或在展示过程中和客户争辩，你的银行存款恐怕要大受影响。赢了争辩，也付出代价。

——里奇·波特

在推销中，你会遇到不同类型的客户，其中有一种专门爱跟别人争来论去地斗嘴。这种客户不论什么事，总爱批评几句，如果事情迎合他的口味，他自会怡然自得。这种客户喜欢争论，如果销售人员不合他的胃口，他就会讨厌销售人员。这种客户还有个特征，即对有权威的人所讲的话表示不屑，而且还会用诡辩使销售人员无法接近他。

销售人员对待这种爱争辩的客户，必须让他三分，避免直接的争论与冲突，因为销售人员的最终目的是要将自己的产品成功推销给客户，而非在争论上一较高下。

“刚才这个人真是，明明自己是老土，什么都不懂，还非要充行家，老是说这也不好，那也不行，气得我跟他大辩一通。结果呢，他连一句话也说不出来啦！”

这个销售人员当时一定是很痛快，因为他制伏了一个苛刻的客户，可是从他的销售任务和责任角度看，无疑他可能永远失掉了一个客户，而这个客户一旦对他产生反感，他肯定会对身边的人说他对销售人员的反感，一传十十传百，他身边的人对这个销售人员都产生不良印象，这样的话，会给销售工作带来极大的损失。从这点上来看，显然这个销售人员不能算是一个称职的销售人员。

如果改换成下面的说法：

“是的，您讲的话的确很有道理，这可不是我所能赶得上的（适时给对方戴上高帽子），但是这种产品，是我们公司的新发明。也许您知道，某大学电子工程系的吴教授，就是这方面的权威人士，他曾经针对我们的产品研究试验后，称赞这项发明确实非常好。”

“有您这么一位关心教育的妈妈，您的小孩真是前世修来的福气，您刚才所说的话，真让我佩服得五体投地。请您再看看这个，这个产品曾被某大学的李教授推荐过，认为开发儿童智力的效果很好，对于儿童教育是最适合的。美国也曾有人评价说，这是一部按部就班的学习机器，有了它就不用临时抱佛脚了。”

销售人员能够提出权威证明，对方也比较能接受。就算你知道客户是在诡辩，也不可以指责或点破对方，可以一方面表示说不过他，另一方面最好是设法改变话题，从其他方面再跟他谈下去。

销售人员对待爱争辩的客户，既能够提出权威的证明，同时又肯定了对方的意见，客户一般是能接受的。在这种气氛下，就容易完成自己的责任和使命了。

应对犹豫拖延的客户

一次犹豫，一次躲避，紧接着在心理上就会产生继续做下去的要求。婴儿被抱过一次后，当满足不了同样的愿望时，就要哭。

——克莱门特·斯通

在面对销售人员的推销时，即使是那些确实有需求的客户，也会常常说出“我要考虑考虑”“让我想一想”诸如此类的话。要知道这些话只是一个借口，而不是真正的拒绝理由。销售人员只要找出真正的拒绝理由，并有创意地加以解决，就有推销成功的可能。

那么当客户说出：“嗯，这份计划看来相当不错，我考虑看看。”这时，你如何应付呢？

（1）找出问题的关键所在。俗话说：“趁热打铁。”做销售工作也是一样的道理。假定客户说“我再考虑考虑”这样的话，销售人员应该在此反对意见刚萌生之际，立即想办法进行化解。这时你可以说：

“实在对不起。请原谅我不大会讲话，一定是我的介绍使您有不明了的地方，不然您就不至于说‘让我再考虑考虑了’。可不可以把您所考虑的事情跟我说一说，让我知道一下好吗？”

这样，既显得认真、诚恳，又可以把话头接下去，使客户愿意继续谈下去。

销售人员也可以直接对客户说：

“您先不要这么想，您先看看这个样品，看看再说吧。本产品的特别之处就是……”

这也是在进一步激发客户的购买欲，一步一步引导客户购买。可能客户从你提供资料介绍中迅速抓住了一些关键疑点，正是这些疑点，使客户下不了决心。这时销售人员就应该站在客户的立场，从他的利益出发，同客户一道来考虑解决问题的办法。

比如，销售人员可以用暗示的方法跟客户讲：

“这是一个很重要的问题，我们一道来研究好不好？”

“的确，正如您所看到的，这就是最重要的地方，而这也恰恰是我要向您推荐这个产品的独特之处。以前使用的减肥食品都需要配合节食，使人难以忍受，但这种营养素却在您实行健美计划的同时，随心所欲，且不会产生副作用……”

“对不起，我知道您很忙，可是我没办法每天都来呀。我想您所担心的也许是交付问题吧！若不妨碍您的话，我们还是仔细谈一谈吧！”

（2）紧追不放。在有些情况下，当客户要求你下次再来时，你又该怎么办呢？这时销售人员就应该紧追不放，要直接对客户说：“先生，请您好好考虑吧。我将在这里等候您考虑后的决定。”并且提醒他，自己一定回答他所有问题，直到他做出决定。

“先生，您是否喜欢我为您设计的这份寿险计划？”销售人员等待对方表示肯定后，就可以继续说："如果您说不喜欢这份计划，那我就马上回去，不再打扰您。如果您确实喜欢这份计划，我就必须留在此地等候您签约。"

（3）巧用问句促使客户购买。销售人员要询问客户要再考虑的缘由，进行针对性解决，促使客户购买。

一位销售人员试图将一台新复印机推荐给客户。客户看起来也很有兴趣，但是他说要考虑一下。

"好极了！想考虑一下就表示您有兴趣，对不对呢？"

说完这句话后，一定要记得给客户留下时间作出反应，因为他们作出的反应通常都会为销售人员下一句话起很大的辅助作用。

客户通常都会说："你说得对，我们确实有兴趣，我们会考虑一下的。"

接下来，销售人员应该确认客户真的会考虑："先生，既然您真的有兴趣，那么我可以假设您会很认真地考虑我们的产品，对吗？"（注意："考虑"两字一定要慢慢地说出来，并且要以强调的语气说出）。

然后，销售人员可以举很多的例子，因为这样能让客户具体了解清楚自己得到的好处。

最后，销售人员问："先生，有没有可能会是钱的问题呢？"

如果对方确定真的是钱的问题，销售人员已经打破了"我会考虑一下"定律。而此时如果销售人员能处理得很好，就能把生意做成。

（4）"请你走人"。有时，对待无限拖延的客户也可以用这样的办法，销售人员不妨要学着扑克牌高手说："先生，请摊牌。"

欧维提公司的辛林克就经常采用这种销售技巧。

“碰到棘手的交易”，他说，“业务员必须建立自己的权威，而不是将客户当作权威。”有一次，辛林克遇到的客户是一家小型5人公司，正需要会计系统。

辛林克说：“一天，我们将这5个人全请到公司，解释我方提供的解决方案。他们很认真，评估了市面上所有的会计系统。1.5万美元的交易，讨论了好几个小时还是无法定案。最后我将机器关掉，把钥匙放入口袋。我说再不定案，请你们都回去。这5个人突然像被驯服了的小猫！乖乖签下了合约。”

销售人员使用此法应谨慎，技巧必须非常娴熟，并且要根据客户的具体个性特征与接受能力，掌握好用词的度，否则只会适得其反。

应对疑虑重重的客户

客户有权利以最优惠的价格获得最好的质量和最佳的服务。能保证他们这种权利的唯一办法就是对推销提出质疑。

——弗兰克·贝特格

客户在面对产品和销售人员时，往往会有所疑虑，甚至这种疑虑会非常严重，显得疑虑重得，难以释怀的样子。

面对这样的客户时，销售人员应该如何应对？下面以保险销售为例来进行说明。

客户："上次那个销售人员叫我附加个什么医疗保险，说一天可以领多少多少，结果事实上领到的还不到1/3，那都是骗人的！"

销售人员："请问您是不是有劳保？"

客户："有啊！"

销售人员："那么当初那个销售人员有没有告诉您，必须先扣除劳保支出的部分，再实支实付？"

客户："这个……"

销售人员："我想可能是他忘记讲了或是解说得不够详细。其实，保险是不会骗人的，只不过有很多契约条款我们都没有注意到。就好比说，骨折时我们都喜欢找中医贴膏药而不愿看西医上石膏，但万一所找的不是有中医师执照的，往往得不偿失。"

客户："原来是这样啊！"

销售人员："这些在契约条款上都有明文记载，同时也具有法律约束力，只要合乎规定，保险公司一定会依法行事的！"

在实际销售中，销售人员时常会遇到上述这种不信任销售人员的客户，他们总是紧锁眉头，用充满了怀疑的目光在销售人员身上扫来扫去，这便是多疑型客户。多疑的客户之所以多疑，一般是出于以下几种原因：

（1）对销售人员存在戒心。多疑型客户是以前曾因相信了"花言巧语"买了劣质产品，或是以前面子较薄，在一阵猛攻下半推半就地做了交易。现在一见销售人员就产生一种反感，不放心、怀疑就是这种感觉的外在表现。

（2）客户过于深思熟虑。他们要对产品的质量、型号、售后服务等方面全面考察后，才能下决心。这类客户之所以有这样的行为，一般是由于其经济状况所致。如果他要购买的这一商品占其收入的相当比例，那么只有达到"十全十美"，才能使他觉得"这笔钱花得值得"，他需要前提保证和确认。这是他在自己决定之前必须得到的，他的经济条件使他无法相信别人，他只要看事实。

（3）曾经被骗过。这类客户以前曾因过分相信厂家宣传，或曾因图小惠而失大利，一再上当后戒心大增，再度交易十分谨慎。

这类客户由于此前曾遭受过较大的损失，而这一损失完全是由于他本人太过"好心"轻信的缘故而造成的。一次"重创"足以使他改变对所有销售人员的看法。

面对多疑的客户，销售人员在态度上要给人以坦诚老实的感觉，说话要注意语气，切不可眉飞色舞唾沫横飞，让他们产生一种华而不实的印象，进而对你所介绍的产品产生相同的感觉。

你可适当地表示你对他们意见的赞同，甚至还可以主动承认产品的一些“小问题”，当然这都无伤大雅，绝对不会影响产品的使用，这样会使对方心情由阴转晴。比如，你可这样说：“是啊，虽然我们的产品质量属于一流，但其款式还有值得改进的地方！”

对于那些需要证据的客户，你可以展示手头能找到的一切证据向其证明：你说的话绝不掺假。你可将获奖证书、权威机构的认证证明、媒体上刊登的表扬性文章请他过目，相信这些能令他信服。

应对刨根问底的客户

思路总是跟着客户走……很难将自己的想法渗透到客户的思想当中，往往错失了客户需要你的推销品的宝贵关键点。

——里奇·波特

有的客户对什么问题都爱刨根问底，只要他一开口，无论销售人员说什么，他都会进行提问，一直问个不停，仿佛没完没了似的。

客户："你们店里的东西包装得很好，常使客户很满意，里面装的东西，是不是也一样呢？"

销售人员："这是我们店创业以来50年的传统，一向都如此。"

客户："你们的传统又是什么？"

销售人员："光顾本店的客人，大都是很高雅的人士，所以形成本店的高雅风气，×杂志也曾有过这样的报道。就因本店有这样的客户，所以才以尊重传统风气，作为本店经营的方针。"

客户："嗯！是这样啊！可是又为什么……"

有些客户就像这样有一句没一句地问个没完，销售人员也许会把这种人归到难缠的客户之列，不过对这种客户，也不能一概而论。像这种追根究底的客户，大致可分为四种类型：

（1）具有孩子般好奇心的客户。

（2）具有学者涵养态度，喜欢探究自己所关心的事。

（3）本性就属于喜欢追究又爱聊天的人，这种类型的客户以女性居多。

（4）由于个性的关系，总要追究到底弄个明白，这种类型的客户大多具有自卑感。

碰到上述这些类型的客户时，销售人员必须先找出客户为何追根究底的原因，再加以应付，才能成功地完成销售任务。

第一种类型的客户并不重视事实，销售人员只要跟他说明，让他产生认同感，他就会觉得满足，就像是对付小孩般的回答方式，就可以了。

对于第二种类型和第四种类型的客户销售人员就必须拿出证据，证明的确是事实才可以。

对于第三种类型的客户，销售人员只要跟他谈如何交货和一些商场上的批评，他都会很乐意听的。

第二种类型的客户或许会问你："为什么同样的商品，客户们都喜欢买你们店的？"你可以这样回答："我想这件事客户大概也知道，在我们公司总部附近地区，我们共有四家分店，本来四家分店的包装纸是不一样的。可是逢年过节时，我们发觉客户都不喜欢用其中一个分店的包装纸，于是我们就请某大学的研究所，帮我们做了一次市场调查，结果显示人们似乎都不喜欢在那一分店买礼物。所以我们才决定，把所有分店及总公司的包装纸都换成那种受欢迎的包装纸。"

应付第四种类型客户的问题，可以这样说："为什么本店格调较高，我也不清楚，但是根据大学的研究结果显示，风度及学识愈好的人，尤其是中年以上的人，愈是讲究传统，重视传统。因为小店历史悠久，大家对于本店，多少也有点怀旧的心理，不过你这个问题，的确是把我问倒了。”

像这样谈谈自己的成就，同时也满足对方的优越感，更能吸引客户。总之，必须先满足客户的求知欲后，才能最终达成交易。

应对爱挑剔的客户

将爱戴人的态度推及至每一个人身上。尤其不要忘记威鲁洛加斯所言：“我从未遇见过讨厌的人。”并秉持这一信念努力实行。

——罗伯特·舒克

在通常情况下，那些挑剔的客户疑心都比较重，一向不信任销售人员，片面地认为销售人员只会夸张地介绍自己产品的优点，尽可能地掩饰缺点和不足。爱挑剔的客户多半不易接受他人的意见，而且喜欢鸡蛋里面挑骨头，争强好胜，喜欢当面与销售人员辩论一番。

在与这类客户打交道时，销售人员要懂得采取迂回的战术，先与他交锋几个回合，但必须适可而止，最后故意宣布“投降”，假装战败而退下阵来，心服口服地宣称对方高见，并故意称赞对方独具慧眼、体察入微，让其吹毛求疵的心态发泄之后，再转入推销的论题。身处这种场合，销售人员一定要注意满足对方争强好胜的习惯，请其批评指教，发表他的意见和看法。

实际上，挑剔是客户在购买过程中的一种必然现象，处理好了，有促进交易的可能，若处理不当，很可能就会造成交易的失败。

（1）挑剔型客户的基本类型。在通常情况下，客户的挑剔大致有以下九种：

A. 借口，即不购买的借口。如：

“这个款式很好，只是短了点，显得有点拘谨。”（本来就应该短）

“这个产品不错，但对我们没有什么用处。”

B. 偏见和成见。如：

“什么？幸福牌彩电？您送我一台也不要！我要的是双喜牌！”

“我们这个年纪还赶什么时髦，不要，不要！”

C. 自我表现。如：

“现在不流行这种样式了，现在讲究的是……”

“这没什么了不起的，一看就知道是组装机。”

D. 恶意反对。这是无理取闹的一种表现。

E. 压价。这是常见的一种。如：

“这是最后一台，好坏都无法挑。”

“这种商品，成本低得很，不过几十元。”

“这里有点损坏，质量不好。”

F. 客观批评。客户提出的是产品或服务本身确实存在的问题，这是有购买兴趣的客户都得提出的。如：

“这种冰箱外形可以，功能也齐全，只是压缩机是国产的，噪声大。”

“这种切割机刀片易坏，经常更换不方便。”

G. 对商品的性能不了解。客户故意据此了解有关情况。如：

“这个功能没什么用处。”

H. 两难处境。客户喜欢商品的这一面，又讨厌商品的另一面，是否购买处于两难之中。

I. 最后的反对。客户提出最后的反对，这不是新的理由，而是早些时候已提出的意见，实际上不是挑剔，而是下决心购买的信号。

（2）挑剔型客户的心理分析。挑剔型客户经常用来对付销售人员的战术就是先挑三拣四，然后提出一大堆问题和要求，这些问题有的是真实的，有的只是虚张声势。这类客户之所以要这样做，是为了达到以下目的：

A. 迫使销售人员把卖价降低。

B. 为自己留下讨价还价的余地。

C. 想说明和强调自己是很精明的，不会轻易被人欺骗。

（3）规劝挑剔型客户的口才技巧。销售人员针对爱挑剔的客户，不要在意客户的褒贬，可选择以下劝购技巧：

A. 归纳法。销售人员把客户的意见归纳起来，同时回答几种反对意见，就会削弱意见产生的影响。如：

“你的这些想法是可以理解的，集中一点是只要价格合适，就签订合同……”

B. 摊牌法。销售人员在无法说服对方时可采用反问，表明自己的诚意，以此答复客户，从而削弱其反对程度。如：

“您自己怎样回答这个问题呢？”

“我怎么才能说服您呢？”

C. 否定法。例如：

客户：“这种衣服洗后一定会褪色”。

销售人员：“不，这是一种新型面料，绝不褪色，我以本店名誉担保。”

客户：“这种是假冒伪劣产品。”

销售人员：“我们店从不卖假货。”

D. 先发制人法。销售人员主动提出客户的疑虑，并自问自答，做出解释，给客户一种诚实、可靠的印象。如：

“您可能认为它的功能单一，但它的这一功能的效果比多功能的要好。有些功能很少能用上，是一种浪费金钱增加价格的表现。”

“您心里在想，价格可能偏高了点。但这是手工制作，绣一幅要花上半天时间，算来也不贵。”

E. 顺应法。例如：

客户：“这个商品的价格太贵了。”

销售人员：“是啊，的确很贵，名牌产品哪有不贵的道理呢？”

F. 转折法。例如：

客户：“我觉得这不好。”

销售人员：“您说得有道理，不过，这种商品就是这样。”

G. 拖延法。例如：

客户：“这个商品我不放心其安全性。”

销售人员：“关于这点，请您看看产品说明书。”同时递上有关资料，也可拿出商品让客户挑选比较，以转变客户的态度。

本章小结

1. 应对各种客户的基本原则是：因人而异，具体问题具体分析。

2. 应对只接受资料的客户，重要的一点是强调资料的信息并不是全面的，需要与客户面谈才能详细地说明。此外，在约定时间上，要用选择式提问，让客户难以说“不”。

3. 对于选择供货商的客户，无论是他要向熟人购买还是货比三家，销售人员都可以通过强调本身产品与竞品相较而言的独特优势来说动客户。

4. 对于爱喋喋不休的和沉默寡言的这两种极端的客户，要采取相应的方式对待。对前者要抓住他说的目的和主旨；对后者要尽力引导他开口说话，以了解他的真实意图。

5. 在判断或决定时，不同性格的客户反应不同，有的客户疑虑重重，有的犹豫拖延，销售人员要及时抓住其心理本质，将其导向按着自己的心意来思考问题。

第五章

巧言接近，让客户欢迎你的到来

销售人员在准备与客户约见时，就给客户造成了一个印象，而这个印象为接近客户奠定了基础。而在预约客户时，客户会提出种种理由推辞，因此销售人员一定要努力让客户接受你的预约，这时口才就显得非常重要了。本章重点从准备阶段、预约阶段、如何引发客户关注和如何再次见到客户这四个方面进行了说明。

为接近客户做好充分准备

“虽然不能以衣冠取人，但着装的作用是显而易见的——获得自信。试着穿得体面一些，你会发现他人对你的信任感明显地增加。这种方法非常适用，会让你看起来是最棒的。”

——弗兰克·贝特格

接近客户是销售过程中一个很重要的过程，因此，销售人员事先要为此做好充分的准备。只有做好这些准备，销售人员在面对客户时才能言之有物、表达得体、才能配合好自己的说服工作，取得突破性进展。下面具体来谈一下要做好哪些准备：

（1）做足台下功夫，比客户更了解客户。销售人员扮演着资讯传达者的角色，就像一个导体一样，串联着公司业务和终端使用者。只有事先了解了客户的情况，才会知道客户所在的行业，所从事的工作或者受教育的程度，才可以根据相应的情况与客户进行交流。

具体来说要了解客户的以下有关方面：

A. 客户的性格特征。掌握了客户的性格特点后，才可以做到有的放矢，避免与他们发生矛盾，同时可以使自己的推销语言更具有针对性，也更加富有鼓动性。

B. 客户的人生经历。每个人都会对自己的人生经历念念不忘，并且会经常回忆。一个销售人员在面对一个比较难缠的客户的时候，如果能够另辟蹊径，从客户的人生经历入手，作为话题来与客户进行沟通，就能够得到该客户的强烈共鸣。

C. 客户的兴趣爱好。掌握客户的兴趣爱好，往往能使销售人员在无计可施、推销遇到挫折的情况下化被动为主动，这可以说是销售人员的一个撒手锏。

D. 客户的社会贡献。从更高的层面上讲，每个人都追求自己的人生价值，社会价值是人生价值的组成部分。作为你的客户，无论他们是商人、教师、公务员还是公司职员，无一例外都会关心自身的社会价值。

E. 学会分析客户的需求。了解客户的需求是什么类型，他们迫切需要些什么，他们的支付能力如何。

（2）知彼知己，对敌我产品了如指掌。要了解本产品和竞争产品的相关信息，这样才能在面对客户对竞品的关注或偏爱时，灵活处理，让客户的“偏心眼”向着自己的这边来。

具体来说，要了解以下产品信息：

A. 产品的性能与技术构成。这是客户最关心的问题。因此每个销售人员必须对自己产品的材料、质地、性能数据、规格、操作方式等有清楚的认识。

B. 产品的市场情况和品牌知名度。你必须对你的客户进行产品市场份额或者品牌知名度的介绍，使他们有更感性的认识。

C. 了解产品的不足之处。必要的时候，销售人员也可以委婉地向客户说明产品的不足之处，或许更能够得到他们的理解与信任。

D. 产品的价格构成。产品的价格构成则是客户衡量自己的购买行为“有没有必要”“值不值”的一个关键问题所在。

E. 熟知产品的售后服务条款。产品的售后服务条款包括产品的维修、产品的寿命周期、产品的保修期和包换期等内容，一定要向客户交代清楚，它们和产品的技术性能、品牌一样，也是影响客户作决定的重要因素。一个销售人员对这方面的知识必须牢记，能准确、清楚地回答出来。

（3）塑造让客户过目难忘的形象。著名的保险推销大师弗兰克·贝特格曾经说过："虽然不能以衣冠取人，但着装的作用是显而易见的——获得自信。试着穿得体面一些，你会发现他人对你的信任感明显地增加。这种方法非常适用，会让你看起来是最棒的。"

那么销售人员应该如何来注意自己的形象呢？关键是要做到以下几点：

A. 突出特点。对于销售人员来讲，千篇一律的着装并不会让人认为你很僵化，你可以在细节上进行变化，如曾创下世界寿险销售第一的业绩，并因此而荣登吉尼斯世界纪录的柴田和子，她就经常戴着她那顶与众不同的"睡帽"去见客户，从而给客户留下了"与众不同"的印象。

B. 外表要整洁。整洁包括衣服的整洁，如勤换、勤洗衣服，还包括对服装的打理，如经常熨烫。同时，还要注意个人卫生：

一是常理发。要使自己的头发保持一定的长度，尤其是男性，很难想象一个长发的男性销售人员站在客户面前，尤其是站在那些重要的"大人物"——公司的老总或者某个部门的重要人物面前的滑稽样子。

二是天天刮胡子。胡子是一个成熟男人的标志，但是作为一个销售人员，建议最好还是刮掉胡子，因为光洁的下巴会让你显得更加年轻而且有朝气和充满激情。

三是勤洗头、洗澡。使自己身上带着淡淡的洗衣液的清香或者各种香皂的自然幽香。最好不要洒很浓的香水，因为你是在工作，而不是在出席宴会或进行约会。

C. 服装搭配要协调。对销售人员来讲，最标准的服装搭配应该是：春秋季节是西装；夏天是西裤配衬衣；冬天可以在西装外套一件外套，但是见客户的时候最好要脱掉外套。另外，在进行服装的搭配上，要注意以下几点要求：

一是注意对西服的选择。西服的款式要与自己的个性特征相符合。从颜色上讲，西服有蓝、黑、灰三大色调。从面料上讲，西服的面料有带条纹的面料和不带任何花纹的面料。一般在正式的推销场合，应该着深色西装。

二是要注意里面的衬衣与西服颜色的搭配。一般以白色或者浅蓝色的衬衣为佳，最好要避免那些颜色过于鲜艳的衬衣，里面的衬衣过于鲜艳往往会“喧宾夺主”，使得人第一眼就见到你鲜艳的衬衣而忽视你的外套。

三是领带的选择。销售人员不宜选择很华丽、很鲜艳的领带，领带的颜色应该显得庄重、内敛，这样能与你整个着装一起，体现你的庄重、严谨。

（4）不要华而不实。但是千万不要以为注意外表就一定要穿非常名贵的衣服，当然也不是完全不能穿，具体情况要根据自己的情况、所推销产品的情况及客户的情况来进行具体的选择。不要给客户留下你的公司看重产品的外在包装而不重视质量的“华而不实”的印象。

接近客户的基本方法

销售人员要善于利用各种话题接近客户。

——弗兰克·贝特格

接近客户是很关键的一个销售环节，这里的“接近”不仅仅是你与客户在物理距离上的接近，更重要的是在心理距离上的接近，最好达到没有距离的亲密关系。这里介绍几种行之有效的接近客户的方法供大家参考。

（1）使用礼物接近法。销售人员接近客户的时间十分短暂，利用馈赠物品、免费品尝的方法来接近对方，以引起客户的注意和兴趣，效果也非常明显。该方法尤其适合新型产品的销售人员，在各大商场客流密集处更能发挥其效能。例如，在日常生活中，许多上门来推销的销售人员为了很快与对方熟识，往往借助递给对方一支香烟，引起双方的亲近，这就是最常见最典型的送礼接近法。使用这种方法时，销售人员应注意，馈赠的物品要适当，方便客户拿取或品尝，使用的语言要热情、主动。

（2）直接拜访接近法。直接拜访通常有两种形式：一种是事先已经和客户约好会面的时间，这种拜访是有计划性的拜访，拜访前因为已经确定要和谁见面，因此，能充分地准备好拜访客户的有关资料。另一种是预先没有通知客户，直接到客户处进行拜访。

直接拜访的目的在于找出潜在客户，并设法与关键人士会谈，收集潜在客户的资料。

直接拜访的好处很多，但往往被新入行的销售人员视为畏途。因为是突然的拜访，对方很容易就将销售人员拒之门外。太多的拒绝容易摧毁一个销售人员的意志。不少销售人员由于无法突破这道关口而中途而废，转入其他的行业而无法成为一流的销售人员。

（3）利用产品接近法。这是销售人员直接利用销售产品引起客户的注意和兴趣，进而转入面谈的一种接近方法。

让产品先接近客户，让产品做无声的介绍，让产品实现自我销售，这是产品接近法的最大优点。例如，服装、珠宝饰物销售人员可以一言不发地把产品送到客户的手中，客户自然会看看货物，一旦客户产生兴趣，开口讲话，接近的目的便达到了。

运用产品接近客户时应注意的以下几点事项：

A. 产品本身必须具有一定的吸引力，能够引起客户的注意和兴趣，这样，才能达到接近客户的目的。

B. 产品本身必须精美轻巧，便于销售人员访问携带，也便于客户操作。笨重的庞然大物、不便携带的产品不宜使用产品接近法。例如，重型机床、房地产、推土机销售人员就不适宜利用产品接近法。但是，销售人员可以利用产品模型、产品图片等作为媒介接近客户。

C. 销售的必须是有形的实物产品，可以直接作用于客户的感官。看不见摸不着的无形产品或劳务，不能使用产品接近法，如理发、洗澡、人寿保险、旅游服务、电影入场券等都无法利用产品接近法。

D. 产品本身必须质地优良，经得起客户反复接触，不易损坏或变质。销售人员应准备一些专用的接近产品，平时注意加以保养，以免在客户操作时出毛病，影响销售效果。

（4）现场演示接近法。销售人员通过对商品的展览、演示，以引起客户的注意和兴趣。这场生动形象、直观的展示，胜过销售人员绘声绘色的描述，使客户公正地获得一个直觉印象。销售人员如能不失时机地发挥销售人员语言艺术的作用，热诚为客户答疑解惑，阐明该产品价格定位及广阔的市场前景，能为最后的成交打下一个良好的基础。

（5）利用好奇心接近法。这是利用客户的好奇心达到接近目的的方法。销售人员运用各种巧妙的方法及语言艺术唤起客户的好奇心，引起客户的注意和兴趣，达到销售人员的目的。例如，一位销售新型打印纸的销售人员推开客户办公室门时，就对客户说，“您想知道一种能使办公效率提高又能有效降低成本的办法吗？”这些想法正是一般办公部门努力追求的目标，而对主动送上门来的良计佳策谁不为之动心呢？当客户的好奇心被紧紧抓住以后，销售人员应不失时机，巧用销售技巧和销售人员语言艺术，因势利导，强化客户的注意和兴趣，进而实现销售的目的。

（6）提问接近法。提问法是指销售人员直接向客户提问，利用所提的问题引起客户注意和兴趣，并引发讨论，从而促成销售面谈的接近方法。

（7）介绍接近法。这种方法是销售人员通过自我介绍或经过他人介绍而接近销售人员服务对象的办法。其主要目的在于销售人员向客户介绍自己的身份，以求得对方的了解和信任，消除其戒心，为销售人员创造宽松的气氛。自我介绍主要通过口头介绍和身份证件与名片来达到接近客户的目的。他人介绍是借助与客户关系密切的第三者的介绍来达到接近的目的。另外，介绍还包括口头介绍和书面介绍等形式。

（8）陈述利益接近法。产品的物美价廉是吸引客户的重要因素，也是客户寻求自身利益的关键所在。销售人员可以利用客户追求利益的心理，在产品销售上给予客户某些利益或实惠，以引起客户的注意并激发其兴趣，从而顺利转入业务面谈。

这种方法符合客户消费中的求利心理，把客户购买商品时能获得什么样的利益直接摆出来，有助于客户正确认识产品，从而增强购买信心。

但是，在具体使用利益接近法时还应注意以下问题：

（1）产品利益的陈述必须实事求是，不可夸大。夸大会导致两种结果：一是失去客户的信任；二是销售人员随意夸大给客户的利益可能导致销售人员本身没有实际效益。因此，必须如实讲明各自的利益所在，以增加客户的信任感。

（2）产品利益要具有可比性。销售人员可通过对产品供求信息的分析，使客户相信购买该产品所能产生的实际效益，从而有效引导消费。

突破前台和秘书的防线

推销是一种说服、暗示，也是一种沟通、要求，因此，每个人时时刻刻都在推销。

——布莱恩·崔西

在电话销售的沟通过程中，销售人员往往不会那么顺利地与你的潜在客户见面，因为在最终的客户前面往往还有前台、秘书之类的障碍横立在你面前。因此，要想顺利进行沟通，你就必须先绕过那些障碍。那么，究竟该如何去顺利突破这些障碍呢？请熟练掌握以下法则：

（1）恳求帮助法。每个人内心深处都有帮助他人的意愿，所以突破秘书关的第一个方法就是帮助法则。

“小姐，您好！我有急事需要马上跟赵总商讨一下，您可不可以帮我把电话直接转给赵总？”

销售人员提出这个愿望，同时你说的话又讲得非常贴切有礼貌，对方就很难拒绝。

销售人员在与秘书进行沟通时，要很尊重他们。而尊重的语气首先表现在礼貌的寒暄、言语的适当停顿和聆听秘书的反应上。如果你没有与其打招呼，语言唐突，术语太多，不顾接线人反应，令对方不得要领。这样不仅导致秘书对你的第一印象欠佳，还会给其一种受电话骚扰的感觉。

有时你也可以这样说："您好，我是A公司某某的（这种简称的自我介绍听上去要亲切得多），有个样品介绍单，我们想给总经理发个电子邮件，您知道总经理的电话吧，我想记一下。"

这个介绍单的真假无关紧要，关键是，这是一个很好的试探，给双方都留有谈话的余地，礼貌地回避了那些引人反感的话。因为清楚明了，顺情合理，你就很容易得到接线人的认可。

（2）妙用私事法。

销售人员："我找李总。"

秘书："请问你找李总有什么事情？"

销售人员："我跟李总之间有些个人私事，我想你一定不太方便替总裁处理他的私事吧？"

秘书："好吧，我帮你转进去。"

一般的秘书在私事问题上害怕涉及总裁的隐私，万一处理不好就要被炒鱿鱼，因此就会马上给你转进去。不过，你讲话的语言、声音要让她感觉到你跟总裁之间有私事、私交、私情。

（3）巧妙地回电话。

"刚才我的手机接到了一个电话，可能是你们总经理打给我的，能帮我转一下吗？"

也许你的手机从来没有接到过电话，但你说了这句话，秘书就会认为是自己老总打出的，所以就给你转进去了。这个方法特别巧妙，用这种方法打给许多企业的总裁秘书，她们一般都防不胜防。

因为她的确无法判断你讲的这句话是虚假的，还是真实的。

（4）“我是某某先生的朋友。”“我找某某先生。”秘书就会认为，可能某某先生是你的好朋友，直接叫他的名字，她就把电话转给老板了。而该人与他可能并不相识，但他让秘书感觉到跟老板是老朋友、老同事、老关系、老业务、老团队的成员，而让秘书觉得无法拒绝他，因为他和老板太亲切、太熟悉了。假如今天你想与客户建立一种良好关系的话，有时不妨说：“喂，我跟你们老王是老朋友了……只是没有见过面而已。”那就是“神交已久”，精神的交往已久，只是没见过面罢了。

（5）有时应直截了当。直截了当法则有个技巧，就是你必须有非常强烈的自信心。销售人员打电话时提高声音说：“喂，找一下老王。”“喂，找一下李总。”你给对方的感觉是你高高在上的。

有一位经常跟各部委做项目商务的人，在拿起电话打给别人时往往直言说：“我是商务部，我找王先生。”本来是王总，他不称呼对方王总，他称呼王先生。一听是商务部的，秘书还敢挡驾吗？不敢！“您找王总，那我就转给他好了。”

销售人员在运用电话为公司开拓业务的时候，如果能培养出打电话的自信心，打电话时有非常贴切的尺度、贴切的分寸、有效的空间，就能给客户带来良好的印象。

（6）善用诱导法。在绕障碍时，有些人不懂得诱导秘书。比如：

“请问采购部的电话你知不知道？”或者问：“我可不可以找一下你们的经理？”

能不能用这样的语气问呢？不能。因为没有引导性。

你要养成一个习惯，不要用这种问法。应该说：

“你知道供应科的电话吧，我记一下。”引导他默认“是”，然后告诉你。

“麻烦你，请叫一声经理好吗？谢谢你。”引导他默认“好”，然后告诉你。

再对比下面的两句话：

“这个星期再吸收5个会员行不行？”

“这个星期再吸收5个会员有没有信心？”

很明显，后一种问法更能诱导出肯定的回答。

让服务人员为你所用

热忱和人的关系，就好像蒸汽和火车头的关系：热忱是行动的主要推动力。

——罗伯特·舒克

不管你已来过客户的公司几次，在面对前台、接待人员等服务人员时，态度依旧要有礼貌。不能对其视而不见，以为熟悉了就对他连个招呼也不打，这样会让他觉得你没把他放在眼里。

当然，你与接待人员成为好朋友，如果已经到了彼此之间可以随便开玩笑的地步了，那么情况又另当别论。只不过在玩笑之余，还是要保持一定的分寸，注意切莫太放纵自己的行为。

美国著名推销员、作家罗伯特·舒克就非常注重与客户身边的秘书、接待员及其他相关人员处好关系。比如，单就与他们处理好关系的最重要的一点——记住这些人的姓名上，他就非常留意。他不但要记下客户的秘书、接待员和其他相关人员的姓名和联系方式，而且每次见面，罗伯特都能够准确地叫出他们的名字，这让他们非常开心。而他们知道罗伯特认识的人很多，就会更加高兴。自然，他们也非常愿意帮助他，而罗伯特也的确得到他们的很多方便。

销售人员应积极与接待人员建立良好关系与友谊。一旦你们之间产生了友谊，那么接待人员就成为你自己专属的一个信息来源。

他们会在闲谈时透露该公司的内部情况和公司领导的有关情况，而你也能随时探听自己推销所需要的关键信息——要知道这些信息有时候客户是不会跟你说出来的。这对于销售工作来说，可谓是一种可遇不可求的理想状态。

而在接近服务人员时，除了如上面所说的像罗伯特·舒克那样记住他们的姓名之外，还要注意以下两个方面的问题：

（1）不要给他们刺探消息的感觉。人们往往会认为打听消息是不道德的行为，因此在那些服务人员面前，销售人员最好表现出一副自在随意的样子，然后再在对方不经意中对他们进行旁敲侧击，以免被对方察觉，而引起他们的反感与抵触心理。

（2）服务人员通常都是两三人轮班，在这种情况下，销售人员就必须面面俱到，不可只对其中的某一两位接待人员表示友好，否则可能会遭到误解，以为自己有不可告人的目的，这样反而很可能会弄巧成拙。

总之，销售人员与接待人员要保持一种良好的关系，礼貌客气地对待他们，不可太过放纵失礼。千万不能忽视这些接待人员对你推销工作的影响。

应对客户的“改天再说”和“忙”

工作上缺少规律的时间是销售人员业绩不好的最大原因。有组织、有纪律，并且忠诚于岗位，就能有高生产量，并且有持续的生产力。

——金拉克

在推销过程中，你可能经常会遇到这样说的客户：

“请您改天再来吧！我今天不买。”

“我现在不需要，过几天再说吧！”

一般而言，“忙”只不过是客户的一种借口罢了。所以，销售要迅速而准确地看出究竟是“真忙”还是“假忙”。如果对方是“真忙”，销售应该采取以下几种方法应对：

（1）“约定时间”洽谈。

“看您工作这么繁忙，打扰您还真是不好意思呢。这样吧！就5分钟，请您抽出5分钟听我说几句话，好不好？说完我立即就走。”

真正忙碌的客户，如果你事先和他约好“5分钟”，他也可能愿意抽出这5分钟时间听你说明。否则，基于“这个人不知道要跟我啰嗦多久”的心理，将使得他犹豫不决。

（2）适时离开。当客户推辞的时候，销售人员宁可先说：“打扰您真抱歉。那我就改天再来拜访了。”而不要等客户说：“我说不要就是不要！”之后才离开。

重要的是，你已经说过“改天再来”，这不仅告诉你自己，更告诉了对方：不久之后，你会再次登门拜访的。同时，千万要记住，离开时的态度要好，不要令对方感到厌恶。

（3）找到忙的背后原因，区别对待。销售人员拜访客户时，常常会碰到这样一种情况：对方不耐烦、不热情地对你说：“我现在没空，我正忙着呢！你下次再来吧。”

对方说这些话时，一般有几种情况：一是他确实正在忙其他工作或接待其他客户，他们的谈话不便让你知晓；二是他正在与其他的同事或客户玩得开心，如打扑克、玩麻将、看足球或是聊某一热门话题；三是他当时什么事也没有，只是心情不好而已。

遇到第一种情况，销售人员必须耐心等待，主动避开，或找准时机帮对方做点什么。比如：如果销售人员的拜访对象是一位终端卖场的营业员，当某一个消费者为是否购买某产品而举棋不定、犹豫不决时，销售人员可以在一旁义务帮助推介，以坚定客户购买的决心。在第二种情况下，销售人员可以积极加入他们，或参与讨论以免遭受冷遇；或是加入他们的娱乐中。这时，销售人员要有能与之融为一体、打成一片的能力。在第三种情况下，销售人员最好是改日再去拜访了，不要自找没趣。

用客户关心的事接近客户

销售人员在同客户见面时，多听、多提一些开放性的问题，让客户自由选择谈话主题，是一种运用轻松、友好的方式打开客户话匣子的最佳方法。

——雷蒙·A.施莱辛斯基

如果客户对销售人员的话题没有什么兴趣的话，那么双方之间的会谈也就会变得索然无味，更难以达到预计的效果。

因此，销售人员要想迅速地接近客户，与客户建立良好的人际关系，就需要尽早找出双方共同感兴趣的话题，最好是客户最近非常关心的话题来接近他。

因此，销售人员在拜访之前先收集信息与资料，尤其是在第一次拜访时，事前的准备工作一定要充分。如果你的话题引起客户的兴趣，且真正地说到了他的心坎儿上，他正为此求之不得呢，这样一来，他怎么会不接受你的推销？

杜维诺先生经营着一家高级面包公司——杜维诺父子公司。他特别想把自己公司生产的面包推销到纽约的一家大饭店。他为此而付出了巨大的努力，4年来，他不知道给该饭店的经理打过了多少次的电话，并且还去参加了由该经理组织的社交聚会。他甚至一度在该饭店住了下来，以便做成这笔生意。但是，杜维诺的所有努力都未能收到成效。因为，饭店的经理很难接触，他压根就没有把心思放在杜维诺父子面包公司的产品上。

杜维诺百思不得其解，后来，经过长期的思索与观察终于找到了症结所在。于是，他决定立即改变接近对方的策略，转而去寻找这位经理感兴趣的东西，以找出双方共同感兴趣的话题。

经过一番调查与分析，杜维诺发现该经理是一个名叫“美国旅馆招待者”组织的骨干成员，而且最近还被当选为主席，他对这个组织倾注了极大的热情。不论该组织在什么地方举行活动，他都一定到场。得到这一信息后，杜维诺详细研究了这个组织的相关信息。

第二天，当杜维诺再见到这位经理时，就开始大谈特谈“美国旅馆招待者”组织，这一下杜维诺算是彻底找到方向了，对方也滔滔不绝地跟杜维诺交谈起来。当然，话题都是有关这个组织的。在结束谈话时，杜维诺还得到了一张该组织的会员证。他虽然在这次会面中并未提推销面包之事，但没过几天，那家饭店的厨师就打来了电话，让杜维诺赶快把面包样品和价格表送过去。

“我真不知道你对我们那位经理先生动了什么手脚。”厨师在电话里说，“他可是个难以说服的人。”

“想想看吧，我整整缠了他4年，还为此租了你们饭店的房间。为了得到这笔生意，我想尽了办法。”杜维诺感慨地说，“不过感谢上帝，我找出了他的兴趣所在，知道了他喜欢听什么内容的话，总算接近了这个难缠的人。”

销售工作的对象是人，而那些聪明的销售人员总会审时度势，有时候会巧妙地避免正面推销，从对方感兴趣的话题这个让对方意想不到的角度切入，从而迅速接近客户，并打开销售工作的局面。

激发好奇心接近客户

你可以利用某种令人吃惊或震撼人心的事物来引起客户的注意和兴趣。

——弗兰克·贝特格

在销售实践中，销售人员可以通过激发客户的好奇心来接近他。这样做的一般步骤是：首先唤起客户的好奇心，引起客户的注意和兴趣，其次再寻找机会道明你的真实意图，并迅速转入面谈阶段。唤起客户好奇心的具体办法则可以根据每个客户的具体情况进行灵活选择。

一位人寿保险销售人员在接近一名准客户时这样问道："10千克软木，您打算出多少钱？"

客户回答说："我不需要什么软木！"

销售人员又问："如果您坐在一艘正在下沉的小船上，那您愿意花多少钱买这些软木呢？"

就这样，通过这种奇特的方式，这位销售人员巧妙地吊起了客户的胃口，激起了他的好奇心。实际上，这位销售人员是在向准客户阐明这样一个思想：即人们必须在实际需要出现之前就进行投保。由此人们不得不佩服该销售人员的巧妙用心。

在接近客户时需要注意的是，无论利用语言、动作或其他什么方式来引起客户的好奇心理，都应该与你的推销活动有某种内在关联。因为，如果客户发现销售人员的接近把戏与推销活动完全无关，很可能就会迅速转移注意力并失去继续谈下去的兴趣。

另外，在运用某种手法去吸引客户的好奇心理的时候，还应该讲究出奇制胜。因为，在这个纷乱繁杂的现实世界中，每个人的文化知识水平和经历是不同的，兴趣爱好也有所不同。在某个人看来新奇的事物，对其他人来说并不一定新奇。如果销售人员自以为奇，而客户却不以为奇，那么就往往会弄巧成拙，要想再接近客户的难度也就会增加。

原一平的名片上总是印着这样一个数字：0–766000。于是，当客户接到他的名片时总会好奇地问他："这个数字是什么意思？"

于是原一平就会反问道："您一生中吃几顿饭？"

可想而知，几乎没有一个客户能够答得出来。

原一平便回答说："766 000顿饭嘛！假定退休年龄是55岁，按日本人的平均寿命计算，您还剩下19年的饭，即20 805顿……"

就这样，原一平巧妙地利用客户的好奇心来和对方攀谈起来，这是一种高明的接近客户的手法。

不拘小节易让客户反感

细节决定成败。

——汪中求

销售人员在接近客户的时候，也许你说得妙语如珠、舌烂莲花，但很可能因为一些微小的细节，使你的口才前功尽弃。因此，销售人员绝对不要忽略那些影响自己成败的细节。这里面值得注意的一些细节有：

（1）信守约定的时间。当客户表示“就从你这儿买吧”的时候，是对你极大的信任。

但极大信任是多次的微小信任的积累结果。你必须时时注意每个细节，信守时间就是其中重要一项。

“可以，我今天就给你发货。”一旦答应，即使是口头承诺也一定要照办不误。并且要牢记：一切行动，在时间里都要留有余地，以求在突发事件下的正点率。事实也证明，提前几分钟动身正是取得对方信任的前提条件。

（2）只比客户着装好一点。专家说：最好的着装方案是“客户+1”，只比客户穿得好“一点”，这样做既能体现对客户的尊重，又不会拉开双方的距离。着装与被访对象反差太大反而会使对方不自在，无形中拉开了双方的距离。

（3）注意一些不当的细节。

A. 按门铃要注意。销售人员到客户办公室或家访，进门时要按门铃或轻声敲门。按铃或敲门的时间不要过长，无人或未经主人允许，不要擅自进入室内。见到客户时，如非事先约定，应向客户表示歉意，然后再说明来意。

B. 要礼貌示意。进入客户办公室或家中，应主动向在场的人都表示问候或点头示意。

C. 不要乱动东西。在客户家中，未经邀请，不能参观住房，即使熟悉的客户，也不要去随意翻动室内的书籍、花草、室内陈设及其他物品。

D. 注意整洁。和客户在一起，不要乱丢果皮纸屑，注意保持地毯、地板清洁；千万不能随地吐痰；吸烟要把烟灰弹入烟灰缸；不用脚蹬踏桌椅沙发；雪雨天进入室内，注意踏擦鞋底，防止将雨水、雪水、泥巴带入室内。

E. 要注意避免和克服各种不雅观的举止。不要当着客户的面擤鼻涕、掏耳朵、剔牙齿、修指甲、打哈欠等。咳嗽、打喷嚏实在忍不住，要用手帕捂住鼻子，面朝一旁，并尽量不要发出大声。

（4）随身携带记事本。在拜访中，随手记下时间地点和客户的姓名头衔；记下客户需求；答应客户要办的事情；下次拜访的时间；也包括自己的工作总结和体会，对销售人员来说这绝对是一个好的工作习惯。还有一个好处就是当你虔诚地一边做笔记一边听客户说话时，除了能鼓励客户更多说出他的需求外，一种受到尊重的感觉也在客户心中油然而生，你接下来的销售工作就会顺利很多。

20种理由再次见到客户

我们对他人的互动反应，并非只是简单地分享其观点、事实、观念或原则，这也许就是商人或企业家为了促成一宗重要的交易而愿意坐长途飞行而不愿通过电话联系的缘故。

——雷蒙·A.施莱辛斯基

想要更有效率地达到推销的目的，再访客户的借口就非得好好研究不可。以下有20种不同的再访理由，若能好好加以运用，一定可以增加许多再访的机会。

（1）以送名片再次拜访。一般的销售人员总是在见面时马上递出名片给客户，这是比较传统的销售方式，但是却难免流于形式，偶尔也可以试试反其道而行的方法，不给名片，反而有令人意想不到的结果。

（2）故意忘记向客户索取名片。这也是一种不错的方法，因为客户通常不想把名片给不认识的销售人员，尤其是不认识的推销新手，所以客户借名片已用完或还没有印好为由，而不给名片。此时不需强求，反而可以顺水推舟故意忘记这件事，并将客户这种排斥现象当作是客户给你的一次再访机会。

（3）印制不同式样或是不同职称的名片。如果有不同的名片就可以借更换名片或升职为理由再度登门造访，但要特别注意的是，避免拿同一种名片给客户，以免穿帮，最好在客户管理资料中注明使用过哪一种名片或是利用拜访的日期来分辨。

（4）不留资料下次奉送。当客户不太能够接受但又不好意思拒绝时，通常会要求销售人员留下资料，等他看完以后再联络。这时候有经验的销售人员绝对不会上当，因为这只是一种客户下逐客令的借口，资料给了之后很可能不用多久就被丢到垃圾桶，所以就算客户主动提出要求也要婉转地推辞，但要在离开之前告知下次再访时补送过来。倘若忘了留下再访的借口，也可以利用其他名目，如："资料重新修订印制完成，特送来给您参考"或"客户索取太踊跃，所以公司一再重印，等我一拿到就送来了"。

（5）亲自送达另外一份资料。这份资料必须是客户未曾见过的，专业的销售人员应当有好几份不同的宣传资料，才可以针对不同的客户需求提供不同的资料。

（6）提供有帮助的信息。如果发现报纸或杂志上刊登着与商品相关的消息或统计资料，并足以引起客户兴趣时，都可以立即带给客户看看，或是请教看法。

（7）将资料留给客户再取回。销售人员在离开前必须先说明资料的重要性，并约定下一次见面的时候取回，若客户不想留下也无妨，放下就走，客户就算不看也不敢把资料丢弃。切记，约定下一次见面的间隔时间不可太长，否则可能连你也会忘记有这么一件事。

（8）借口路过此地，登门造访。说明自己恰巧在附近找朋友或是拜访客户，甚至是刚完成一笔交易均可，但千万不可说顺道过来拜访，这点是要特别注意的，以免让客户觉得不被尊重。同时还要注意，不需要刻意解释来访的借口，以免越描越黑，自找麻烦。

（9）找一个问题请教客户。这不是要考倒客户，而是要了解客户的专业知识，所以千万不要找太难的问题，最好是能够给予客户发表空间的"议论题"为佳。

（10）陪同新同事或上司联袂拜访。通过第三者的造访会给客户带来压力，尤其是你的上司陪同前往时，更能提高说服力。因为上司协助销售人员开拓业绩，会使交易达成的可能性大大提升。

（11）逢年过节小礼物馈赠。这是接触客户最佳的时机和最佳的运作方式。当然，礼物的大小要自己把握，非常有希望成交的客户才能送较重的礼，否则可能赔了夫人又折兵，这是需要先判断清楚的。

（12）免费赠予公司刊物。运用免费赠予客户公司刊物的机会，作为再访的借口也是十分恰当的。例如，某些公司会出一些月刊、周刊、日刊，或市场消息，过年时送月历、日历等资料。

（13）提供新产品组合供客户所需。推销的商品可以搭配成许多不同的组合，有人称之为“套装”商品，不同的组合与搭配会有不同的效用，可以借此向客户请教某些问题，询问他有何观点或建议。

（14）以生日作为温馨的借口。若能适时记住客户或其家人的生日，到时候再去找客户并送上一张生日贺卡或鲜花，也不失为有效打动客户的方法。

（15）举行说明会、讲座，并特地亲自邀请。如果可以提供最新商品的资讯说明会，加强客户对商品的了解，或是提供免费的奖品，相信会吸引很多人前来参加。销售人员在送给客户邀请卡时，可以稍微解说讲座的内容，并在临告辞前请其务必光临指导。

（16）运用客户填写问卷调查表。设计几份不同的问卷调查表带去请客户填写，问卷的内容主要在于了解客户对于推销商品的接受程度与观念，或是对于商品喜好的程度。

（17）在市场突然公布消息时给予第一手资料。利用市场发布重大消息的机会，提供市场人士或是自己的看法给客户参考，使客户有倍感尊荣的感觉，从而拉近彼此的距离。

（18）提供相关行业的资料给客户参考。“知己知彼，百战不殆。”搜集相关行业的动态信息作为参考，不但可以成为自己商品改良的依据，同时也可以举例说明别人成功的经验。

（19）采用特别优惠办法或特卖方式。以利益吸引客户接受商品价格，从而引发其购买商品的欲望。例如，某些商品在特卖促销时，经常会用“买一送一”“买1 000元送折价券”的策略；信用卡公司推出消费送积分以换取赠品的方式等，都是能够引发客户购买欲望的方法。

（20）不用借口，直接拜访。与其费尽心思为自己的行动找理由而踌躇不前，不如直截了当地登门拜访更加有效。虽然比较唐突并可能碰壁，但也不失为训练自己能力与胆量的机会。

本章小结

1. 接近客户最关键的是要做到让客户接纳你，只有客户接纳你，他才会接受你的预约，与你面谈。

2. 巧妙约定客户最关键的是把客户的借口打消，让他接受你的约见。

3. 如果你突破了客户身边的人的防线，不仅可以见到客户，还可以帮你获得更多关键的信息。关键是你要让他们成为你的朋友，而不是“敌人”。

4. 充分的准备能让你在接近客户时更加自然，更加从容。因此，一定要在事先做好准备，多方了解与客户有关的信息。

5. 当面接近客户时，办法很多，但最根本的还是，你说的话引起了客户的关注。

第六章

妙语开场，拉近与客户的距离

与客户第一次相见时，给客户的第一印象非常重要，甚至会起到决定性作用。因此，如何在见到客户时巧妙开场，一下子就让客户对销售人员产生好感，进而对销售人员的推销也产生兴趣，对销售人员来说非常重要。本章重点介绍了成功的销售人员常用的几种开场方法，供大家参考。

紧紧抓住机会的开场白

在销售中，销售人员的开场白可以说决定着销售的成功与否。

——戴夫·多索尔森

作为一个销售人员，你不妨想一下，在与客户进行初次接触的时候，他们为什么要停下自己手中的工作，去听你的介绍呢。所以，你应该设身处地站在客户的立场来问问自己，为什么他们应该听你的，为什么他们应该将注意力放在你的身上。然后，再去精心准备你的开场白，请记住，客户给你的开场白时间或许只有30秒，在这个极短的时限内，至于能否抓住机会，那就要看你的表现了。

下面是一个成功地利用开场白抓住客户的例子。

一位专业销售人员决定去拜访一家全球性大公司的总部，在他与该公司的公关部副总裁约翰·卡森进行过一连串的通信与电话交谈之后，双方终于确定了一个会面时间。

该销售人员此次会谈的目的，是要对该公司的高级主管做一番解释，以说服他们能允许自己撰写一本关于该公司的图书。因为他需要访谈该公司的100多名职员，所以获得该公司管理阶层的认可是绝对必要的。如果没有这项应允，那么他的计划也就不可能成功。

这位销售人员在这项会谈开始的前几分钟到达了约翰·卡森的办公室。在寒暄一番之后，约翰说：“我个人十分支持你写这本书，我想这对我们公司来讲也是一次很好的公关机会。”

“谢谢你，约翰，这真是个好消息，”销售人员回答道，“我也同意你的说法。这将为贵公司创造良好的信誉。”

“我已经将它推荐给我们公司的董事会。但是，除非你获得他们的认可，否则的话，事情还是行不通。”

“这本书对你们公司来说是有利无害的，”销售人员说，“我相信他们会赞同的。”

“很不幸，我并不看好你的这种自信。”约翰说。

“你不看好？”销售人员问。

“让我先跟你说一下谁会出席这个会谈吧，”约翰说，“除了我们的最高主管以及行销部门的资深总裁之外，公共关系部门的执行副总裁与企业事务部门的副总裁也会出席，如果你的提案获得通过的话，企业事务部门副总裁将会直接与你合作此事。”

“现在，问题是”，约翰继续说道，“每个人都认为你的书是一个好的创意，但问题是我们今天却不会对此做出任何决定。然后它就会像一大堆其他的创意一样，在某个地方被埋没了。由于它不是我们公司第一优先考虑的事务，所以不会将它提出来讨论。我要说的意思就是，即使你的书再好，除非它在今天通过，否则它将被无限期地搁置。”

“在这个会议召开之前，这真是一个最好的警告。”销售人员露出苍白的笑容说道。

“还有一件事”，约翰补充道，“我们的会议将在10点30分举行，在11点还有另一个会议，我们不能迟到，而且你大约只有25分钟的时间来推销你的书。”

很快，会议在一间会议室如期召开了，为首坐着的是公司的最高主管。销售人员感觉只要能说服这位主管，那么其他人必然也会附和他的决定。而且，销售人员更明白他只有今天这一次机会。

约翰首先介绍了数本该销售人员的著作，然后便善意地表示他个人十分喜欢销售人员先前寄给他的数本书，接着他转向销售人员说："现在轮到你发言了。"

销售人员起身以最谦卑最诚挚的声音说道："各位女士、先生，我今天十分荣幸地在这里对贵公司的高层经理人发表我的意见。贵公司是众所周知的一个最优秀的组织。当我还很小时，便对贵公司仰慕不已。"

他接下去说："今天能在此对各位发表谈话，的确是我事业生涯中最精彩的时刻。毕竟，你们肩负的是这个数十亿美元跨国企业的未来。今天，你们将宝贵的时间交给我，所以我要告诉你们的是我将要写的这本书的内容，是有关贵公司的历史，以及现今进行专业管理的全过程。"

"我真的很高兴你们今天能邀请我来参加这个会议，因为在20分钟后我走出这里时，我已经知道你们的决定是什么了。这正是我对你们这些顶尖主管的仰慕所在，这也正是你们能将公司管理得如此成功的原因。我曾经见过一家大公司的主管们"，销售人员此刻将声音压低说道，"我不会说出他们的名字，但是你们绝对不相信我忍受了多么大的不幸，全都因为他们无力做出决定。他们在完成任何一件事之前，都必须经过无数次的推诿搪塞。我发誓我再也不会和这家公司共事，因为他们的管理已经陷入了官僚主义之中，无法动弹，以至于高层经理人无法做出重要的决定。我脑中有着许多写书的好点子，我的生命实在不需要这类的不幸。如果我意识到某家公司正令我陷入这种不幸的话，我会跨步离去，选择和其他的公司合作。"

销售人员紧接着又逐章地说明这本书所要写的内容，这项解说用了10分钟。最后他又经过了5分钟的问答环节。

在他回答完数个问题之后，客户公司的最高主管说话了：“我看不出我们不放手让这位销售人员写这本书的理由，他可以开始进行这本书了。有不同意见吗？”

几乎每个人都点头表示赞同，当约翰关上他办公室的门之后，对销售人员说：“如果我没有亲眼看到的话，我实在不会相信。我真的不认为在这个会议上，你的书有任何能获得通过的机会。我恭喜你完成了一项了不得的推销工作。”

上述例子中的销售人员以“抓住机会的开场白”完成了此项交易。一般来说，真正促成交易的关键在于你在推销开始与中场时所说的话。所以，作为销售人员，必须要利用好开场白的机会，紧紧吸引住客户的注意力、抓住客户的心。

激发客户兴趣

很多时候，你和客户见面不到30秒就被赶了出来，这在很大程度上是因为你的话根本不能引起客户的半点兴趣。

——布莱恩·崔西

拥有一个能够充分激发客户兴趣的开场白，是成功接近客户、成功销售的第一步。客户只有在对你开场所说的话感兴趣时，才会给你继续介绍下去的时间，进而才有可能掏钱购买你所推销的产品。因此，销售人员应该提前准备好一个能够激发客户兴趣的开场白。

具体来说，想要充分激发客户的兴趣，主要有以下几种方式。

（1）引用名言名句。一天，某著名寿险销售人员前去拜访一个大学教授，他是这样开场的：

“哲学家培根曾经把做学问的人比喻成三种动物：第一种人叫作蜘蛛式的学问家，他的研究材料不是从外面找来的，而是由肚里吐出来的；第二种人叫作蚂蚁式的学问家，堆积材料，但不会使用；第三种人叫作蜜蜂式的学问家，采百花之精华，精心酿造。教授先生，从培根的比喻来看，您觉得您属于哪种学问家呢？”

像这样的名言，肯定能够引起客户的兴趣，而且这种话语也比较符合客户的身份。客户不禁会想：“是啊，我是属于哪一类呢？”这样通过这个提问就可以使谈话继续下去，而能够继续与客户交流就是成功推销的前提。

（2）激发对方的需求欲望。

销售人员刘坤在朋友小郑的介绍下给张经理打了电话：“张经理，我是您好朋友小郑的同学，听他经常提起您，说您年轻有为。”

“……”

刘坤：“现在工艺品比较走俏，市场也很大。”

张经理：“可是，质次价高，名不副实，也不好经营，我们现在正在为这个问题发愁呢！”

刘坤：“张经理，我现在正在公司销售部工作，我们这边有好几百种不同的高档工艺品现在正在开拓市场。”

张经理：“小刘，你能说说吗？”

于是，刘坤认真地将准备好的方案说了一遍，得到了该经理的认同，签订了合同。

在这一开场白中，销售人员掌握了客户的想法之后着重介绍了自己公司的产品，刚好满足客户的需要。

（3）出其不意地发问。

有一位销售果汁压榨机的销售人员，当他所拜访客户家的男主人为其打开门后，她的第一句话就是：“请问您家里有高级果汁压榨机吗？”

男主人被这突如其来的发问难住了，他转过脸去与太太商量。太太有点窘迫又有点好奇地说：“果汁压榨机我家里倒有一个，但不是高级的。”

这位销售人员接着又说：“我这里有一个高级的。”说着，从提袋中拿出果汁压榨机，一边讲解，一边开始演示起来。

这一问法的好处在于，没有使客户立刻觉得你有向他们推销商品的企图。因为人们一般是比较讨厌别人主动卖给他们什么，而是喜欢自己想去买什么。销售人员只说有一种高级果汁压榨机，并没有问客户买不买，激发了客户的兴趣。

假如这位销售人员第一句话换一种方式，一开口就说：“我想来问一下，你们是否愿意购买一个新型的果汁压榨机？”或者“您需要一个高级果汁压榨机吗？”其结果也就可想而知了。

引起客户关注

有些销售人员之所以失败，是因为他们根本不知道什么是推销的关键点。其实关键点非常简单，就是：客户最基本的需求或最感兴趣的细节。

——里奇·波特

开场白要达到的目标就是吸引对方的注意力，引起客户的兴趣，使客户乐于与销售人员继续交谈下去。通过很好的开场白吸引了客户，有了个漂亮的开门红，从而向促成销售迈进了一步。

那么，如何才能通过短短几句话成功吸引客户的注意力呢？有以下几种常用的技巧。

（1）提及客户现在可能最关心的问题。销售人员可以找出一个和客户需要有关系的，同时又是所销售产品能给对方带来切身利益的问题，这时对方自然会表示关注。例如：

“听您的朋友提起，您现在最头疼的是废品率很高，通过调整了生产流水线，这个问题还没有从根本上改善……”

销售人员也可以用提问的方式来引起客户的关注：

“你希望减低20%的原料消耗吗？”

销售人员甚至可以连续地向对方发问，以引导对方注意你的产品。比如，销售人员可以这样提问：

销售人员："你看过我们的产品吗？"

客户："没看过呀！"

销售人员："这就是我们的产品。"并同时将样品展示，接着再说："我们公司派我特地来拜访您。您觉得我们的产品如何？"

这里值得注意的是，对于那些有可能得到对方否定回答的问题，则应该小心谨慎地去提问。

（2）赞美对方。例如：

"他们说您是这方面的专家，所以也想和您交流一下……"

当然赞美要恰如其分，过分的夸奖会让客户产生反感。

（3）提起他的竞争对手。例如：

"我们刚刚和某公司有过合作，他们认为……"

客户听到竞争对手，就会把注意力集中到你要讲的内容里。

（4）引起客户对某件事情的共鸣（原则上是客户也认同这一观点）。例如：

"很多人认为面对面拜访客户是一种最有效的销售方式，不知道您是怎么看的……"

这种方法的要点在于在拜访前了解客户的工作。

（5）用数据来引起客户的关注。例如：

“通过增加这个设备，可以使您的企业提升50%的生产效率……”

“我知道贵企业现在的废品率比较高，如果有一种方法使企业的废品率降低一半的话，您是否有兴趣了解？”

（6）告知时限。例如：

“我觉得这个活动能给您节省很多话费，但这次优惠活动截止到12月31日，所以应该让您知道……”

这种时间的限制会让客户产生紧迫感。

上面这几种方法表达可交叉使用，重要的是要根据当时的实际情况做出合适的选择。当然，销售人员在与客户交谈的时候，一定要以积极开朗的语气对客户表达观点、进行问候。

此外，还要注意的是，销售人员在与客户交流时经常会有这种情况，在与客户会面时，刚开始的气氛很好，可过了一会儿，就不知道该和客户谈什么了，或者是整个过程只是销售人员一个人在发表演说。一定要记住，为了使客户开口讲话，一定要以问题结束你的开场白；否则，会使拜访陷入暂时的僵局。

拉家常接近客户

与客户会谈时，销售人员永远都在尝试怎样打破僵局，将话题导入推销的正途；何时该停止闲话家常，谈点正经事。

——布莱恩·崔西

一位汽车销售冠军说：“接近客户，并不是一味地向客户低头行礼，也不是迫不及待地向客户说明商品，这样做反而会使客户逃避。当我刚进入企业做销售人员时，在接近客户时，我只会销售汽车，因此往往无法迅速打开客户的心防。在无数次的体验、揣摩后，我终于体会到，与其直接说明商品不如谈些有关客户太太、小孩的话题，或谈些乡间的事情。让客户喜欢自己，关系着销售业绩的成败。”

有一次，著名的保险推销大师弗兰克向一位很难接近的客户推销保险，客户对他非常冷淡，根本不想听他的介绍。

看到这种情况，他于是开始很巧妙地转换话题，谈起了客户的创业经历，这自然是客户最骄傲也是他最感兴趣的话题。

对方也慢慢地转变了冷漠的态度而兴致勃勃地同他谈起了自己的过去、现在的成就、艰难的创业过程和遭遇的种种挫折，弗兰克趁热打铁地问是否愿意让自己去看看他的工厂，结果这位客户十分高兴地答应了。

在带领他参观自己工厂的时候，这位客户感到了久违了的满足、快乐，这种满足感让他忘记了工作带来的身心疲惫。

尽管那次客户并没有买他的保险，但是，他并不气馁。他认为自己起码已经打开了局面，成功地与客户进行了接触，还从这位客户的身上学到了很多知识。而且对方显然也已经把自己当成了他的朋友，以后再接触就方便多了。

结果正如弗兰克想的那样，过了一段时间，那位客户主动找上门来，从他那里一下就买了好几份保险。临走时，那个客户还特别对他提起，说是弗兰克的乐观精神给自己留下了深刻的记忆，并且深深地感染了自己。

可见，销售人员在与客户拉家常是何等重要。不仅销售大师可以通过拉家常接近客户，普通的销售人员也可以做到通过拉家常接近客户的。

如果销售人员在接触客户说开场白时，能和客户谈论一些家常，就能很好地增进彼此的亲切感，从而为下一步的推销工作打下良好的基础。

"您就是郝经理吧？您好，听口音，您是山东的吧？"

"哦！您也喜欢养花啊？"

所以，如果发现客户和你是老乡的话，就可以用方言来进行交谈说说家乡的风土人情；喜欢养花的，可以谈谈种花之道。这样与客户有共同话题，聊起来也能增进感情，拉近距离，推销也就水到渠成的了。

借助权威开场

你只有讲诚信，你才能赢得别人对你的尊重，也只有这样，才能赢得别人对你的信赖，才可能得到别人的支持。

——董明珠

销售人员利用一些较为权威的开场白，往往可以帮助自己避免老套，别出心裁，并使客户对自己产生信服感。

（1）借助权威机构。

“小姐，我是大学研究院的王皓，我打电话的目的是想和您分享一个对您非常有帮助的信息。”

上述这个例子借助了权威的机构作为自己的开场白，达到开场即做到吸引、说服客户的目的。

（2）借助公司威望。

“您好！我是大东方销售培训公司的陈志良。我不知道您以前有没有接触过大东方公司，但您肯定知道大东方销售培训公司是国内唯一专注于销售人员业绩成长的服务公司。我打电话给您，主要是考虑到您作为销售公司的负责人，肯定也会十分关注那些可以使销售人员业绩提高的方法。所以，我想与您通过电话简单交流一下（停顿）。您现在接电话方便吗？我想请教您几个问题（停顿），您现在的销售培训是如何进行的呢？”

在上述这个例子中，销售人员通过介绍自己是某著名公司的职员，借助公司的名声和威信来与客户交谈，首先在客户面前建立了一种威信，有利于推销成功。

（3）借助权威专家。

“陈部长，您好。我是公司的销售代表。我们公司即将在国际展览中心举办一个新产品巡回展，我们所有的产品都有展示，而且我们请来了电子商务方面的专家×，他对互联网的数据中心很有研究，您一定会感兴趣。”

在这个开场白里，销售人员向客户提到了行业领域的权威专家，来增加活动的专业性和正规性，从而让客户接受自己。

（4）借助自己的身份。

“上午好，先生。我是丁毅，是公司的营销副总裁，不知道您对我们是否了解，我们是一家营销培训公司，在上海和广州都有分公司，我们为某公司等多家知名公司提供了多种服务。”

在这段开场白中，该销售人员首先介绍了自己的职位是“公司的营销副总裁”来增加自己的权威性，从而让客户信服，接受自己的培训服务。

借助第三方开场

透过人脉介绍成功销售的机会，比直接销售给陌生人的机会大了四百至六百倍。

——汤姆·霍普金斯

在初次拜访客户的时候，销售人员如果直接冒昧地去接近，其效果往往不会太好。如果能在客户面前提一提你们都认识的人，说明这次拜访是通过熟人介绍来的，或者提一下客户的朋友、亲戚或是某个公众名人，就可以相对容易地接近客户。因为客户在一般的情况下，借助第三方的面子，可以有效消除客户的戒备，从而给你面子。

（1）利用客户熟悉的人。借助彼此熟悉的人，尤其是对客户有一定影响力的人来开场，往往能让客户一下子关注你的话语。比如：

有一个销售人员在销售他的电话系统时，这样对客户说："先生，您好，我叫小林，我是某电话系统公司的员工。我受深圳某公司王经理的委托，特意打电话给您，因为我今天给您介绍的东西是件了不起的东西，它可以为您带来极大的方便……"

某图书公司发行员对客户说："主任，您认识教育局的教育科长老李吗？他刚从我这里买去600本书，我想你们物资局跟他们那里的情况差不多，也迫切需要有关市场经营与企业管理方面的图书，您说是吗？”

（2）利用客户同行业的知名公司。

向客户提一下自己以前的一些比较有名的客户，不仅可以借助这些知名公司的名望，还可以证实自己公司的实力同样是不容小觑的。例如：

“您好！张总。我是张蒙，是某公司的培训顾问。我们是国内唯一一家专做银行业务代表培训的专业公司。我们最近为银行做了为期3周的业务人员电话技巧培训……”

（3）利用客户尊崇的名人。

小孙是一位经验丰富的销售人员，他总是随身带着有很多客户亲笔签名的名单。在拜访客户的时候，他经常会把名单放在客户面前。

“我很为我们的客户感到骄傲”，他说，“您知道某公司的董事长吗？”

“哦，知道，他很出名！”

“他是我们的客户，这上面有他的名字。那您肯定也听说过某某吧，他可是影视歌三栖的大明星！我还知道您是他的忠实影迷呢，他也是我们的客户，瞧，这上面也有他的亲笔签名。”

他兴致勃勃地谈论着这些名字，然后说：“他们都是受益于我们产品的客户……”他又读了更多的有威望的人的名字之后，说：“我想您应该相信他们的判断力，我希望您的名字能同他们的写在一起。”

利用这些名人的公众效应，让客户认为“连这些名人都用他们公司的产品，那产品就肯定不错了……”。

不过，销售人员在运用这个方法的时候一定要注意首先掌握好客户的喜好，如果说的名人刚好是客户所不喜欢的，那么就很难达到预期的效果，甚至会适得其反。

化解客户的冷漠

第一印象好了，在接下来的产品推销过程中就会无往而不利，若是第一印象不好，那么客户就很难接受你的产品。

——戴夫·多索尔森

客户对自己冷若冰霜，冷言冷语，这是销售人员常遇到的情况。有些聪明的销售人员没有被客户的冷漠吓跑，而是在自己的实践中总结出了一些可行的办法来对此进行化解。下面不妨学习一下。

（1）接受冷落的沉默语言。这是至关重要的一步。也就是说，面对被人冷落的现象，你应当首先承认它的存在，允许它的发生。这是因为，人生本来就是一个万花筒，红橙黄绿蓝靛紫，喜怒哀乐，酸甜苦辣，温凉冷热，可谓应有皆有，五彩缤纷。少了热情，生活会因此而失去光彩；没有曲折，生活也会变得索然无味。

事实上，每一个生活在社会中的人，或多或少，或轻或重，都会遇到“冷落”，不管你是自觉的还是不自觉的，情愿的还是不情愿的，谁也休想与它绝缘。

因此，面对冷落，你应当采取承认的态度，就是说要有接受冷落的心理准备。当然，承认冷落的存在，并非是承认它存在的合理性，而是承认它存在的客观性。承认了此种矛盾存在的客观性，也就承认了解决此种矛盾方法存在的必然性。唯其如此，你才会直面冷落，既不回避，也不惧怕。

（2）敢于表现勇气的语言。人们在受到冷落之后，往往会在生活上感到失意，在心理上产生退却。对于一个强者来说，愈是受到冷落的重压，愈是应当富有自我表现的阳刚之气。此种勇气，不仅可以吹散来自外界对自己冷落的风云，也最易于拨开因自己被人冷落而产生的心头迷雾。

（3）平息抱怨的反省语言。每逢遇到冷落，您有时难免会生气，这是可以理解的。但是，过多的自我抱怨，又恰恰是战胜冷落之大忌。大凡经历过冷落的人，都有这样的感觉，抱怨冷落的结果只会在客观上助长受冷落压力的程度。社会生活中的各种现象无不可以从人的主观认识上找到原因，冷落的现象也当属此种。

（4）主动感化的态度语言。有的人在处理人际关系时，有一种看法，即“你对我好，我就对你好；你看不上我，我也不买你的账”。这是一种不够大方的姿态。一个成熟的人，应该想得更多，想得更细，甚至会做一些必要的让步和牺牲，也就是常说的高姿态吧。

（5）谈论双方有共同点的话题。在销售过程中，如果对方不善言谈，很容易陷入尴尬局面。要想成为销售的高手，首先必须掌握场面上善于没话找话的诀窍。没话找话说的关键是要善于找话题，或者根据某事引出话题。因为话题是初步交谈的媒介，是深入细谈的基础，是纵情畅谈的开端。没有话题，谈话是很难顺利进行下去的。好话题的标准是：至少有一方熟悉，能谈；大家感兴趣，爱谈；有展开探讨的余地，好谈。

冷漠其实只是一种偶然，而化解冷漠，变冷漠为温暖，变陌生为熟悉却是销售人员的必然职责。相信，一个聪明的销售人员一定会想到更多的办法来应对客户的冷漠的。

应对自大傲慢的客户

只要你说的话有益于别人，你将到处受欢迎。

——原一平

如果你面对的是一个自大傲慢、根本不把你放在眼里的客户，你一定会感到手足无措，更不要谈开展销售洽谈的工作了。但是，也不能就这么心怀紧张地默默应对，那么，销售人员这时候应该怎么做呢？原一平在应对这种客户上就很有办法。下面先来看一下他的故事。

有一天，销售之神原一平访问某公司总经理。

他拜访客户有一条规则，一定会做周密的调查。根据调查显示，这位总经理是个“自高自大”型的人，脾气很怪，没什么嗜好。

这是一般销售人员最难对付的人物，不过对这一类人物，原一平倒是胸有成竹，自有妙计。

原一平向前台小姐报名道姓：“你好，我是原一平，已经跟贵公司的总经理约好了，麻烦你通知一声。”

“好的，请等一下。”

接着，原一平被带到总经理室。总经理正背着门坐在大班椅上看文件。过了一会儿，他才转过身，看了原一平一眼，又转身看他的文件。

就在眼光接触的那一瞬间，原一平有一种讲不出的难受。

忽然，原一平大声地说："总经理，您好，我是原一平，今天打扰你了，我改天再来拜访。"

总经理转身愣住了。"你说什么？"

"我告辞了，再见。"

总经理显得有点惊慌失措。原一平站在门口，转身说："是这样的，刚才前台小姐说给我1分钟的时间，让我拜访总经理并向您请安，如今已完成任务，所以向您告辞，谢谢您，改天再来拜访您。再见。"

走出总经理室，原一平早已急出一身汗。

过了一天，原一平又硬着头皮去做第二次的拜访。

"嘿，你又来啦，前几天怎么一来就走了呢？你这个人蛮有趣的。"

"啊，那一天打扰您了，我早该来向您请教……"

"请坐，不要客气。"

……

由于原一平采用"一来就走"的妙招，这位"不可一世"的客户比上次"乖"多了。

原一平面对这种自大傲慢的客户，没有像有些销售人员那样，被客户给震住——吓得大气不敢出，而是在等了一段时间后，大胆喊话，让客户引起注意，而引起注意后，却没有留下来，继续他的销售说服工作，而是告辞而去，这样一来，会让客户对于自己的失礼感到愧疚——一个已经对你心怀愧疚的客户，还会在你下一次的拜访时对你傲慢相待吗？

果然，第二次拜访时，客户竟然主动地与他交谈了。

从上述案例也不难看出，原一平在采用这种应对话术时，他讲得很有分寸，并没有怪客户对自己的傲慢，而是全由客户的方面去考虑来讲话的。他这种欲擒故纵的方式，竟然一下子把这个傲慢的客户给拿下了。

要知道，销售没有固定的技巧，也没有一定成规。一名优秀的销售人员知道见到什么人说什么话，他们往往能够灵活地随机应变。只有这样，才能使销售取得成功。

主导客户而不是去迁就

一味地迁就别人未必能赢得好感，有时候恰恰相反。

——佚名

作为优秀的销售人员，在接近客户时，不应该一味地去迁就对方，使自己处于一种心理上的弱势地位。而应本着对客户有利的原则，采取各种说服手段，控制局面，以让局面对自己有利。

著名推销高手、畅销书作家罗伯特·舒克通过电话与“肯德基家乡鸡”的创始人——哈南·桑德斯上校约定了一个会面时间，准备访问他，以作为撰写《完全承诺》一书的资料。那是在1975年，桑德斯已经85岁高龄了。他答应去路易维尔机场接舒克，然后两人一起到上校家畅谈。

飞机准时到达路易维尔机场，舒克走向机场正门，一眼就认出了大名鼎鼎的桑德斯上校，因为他早已在肯德基餐厅门口见过桑德斯的塑像。他热情地向上校打招呼，并伸出了手，但是上校却悲叹着说：“今天没办法接受你的访问了，我在冰上跌倒，脑袋撞个正着。”

“桑德斯先生，我真的很高兴看到你”，舒克完全无视桑德斯要取消访问的话，“我实在很抱歉，听到你受伤了。”

“今天早上，我在冰上滑倒，头上一大片瘀青”，上校继续说，“我没办法通知你说我要取消这次访问。我也不想留你在机场干等，而我却没有出现。所以我在前去看医生的途中先到这里见你。”

“没有关系，上校”，舒克仍然忽略对方要取消访问的事实。他可没有忘记自己大老远跑过来的目的是什么，因此他要赶紧想办法达到自己的目的。

“哎哟，好大的一块瘀青！”舒克看到上校的后脑勺上一块明显的肿块。“我们走吧，当医生一替你包扎好，我们就到你的地方去。”

他完全不给上校任何说话的机会，马上转向上校的司机：“车子停在哪里？”

“就在那里。”

“我们走吧”，舒克边说边向车走去，“我们必须先送上校去看医生。”

上校和司机主动地跟在舒克身后，一行三人便开车往诊所的方向驶去。在医生为上校的头部稍作处理后，舒克和上校就开始了他们的访问工作。结果，他们都度过了愉快的一天。

这个世界总是充满变数，特别是你在别人的地盘上推销时，意外事件简直是防不胜防的。但是千万不要泄气，不要灰心，牢记你的推销目的，一切言行从对方利益出发，提出方案后，立即行动，主动、积极地去扭转、控制整个局面。

本章小结

1. 开场白的最大作用就是很快地拉近与客户之间的距离——心理距离。没有心理距离的交流是人际交流中最好的交流，销售也不例外。

2. 激发客户的好奇或关注，都是为了让客户产生某种注意力，以便继续使谈话进行下去。

3. 寒暄和拉家常虽然常见，但绝不是小事，有创意肯动脑子的销售人员很会通过得体的寒暄一下子抓住客户的心。

4. 借助权威来说明问题，也能让客户对你的话题表示关注，但要注意事先了解你所说的权威恰恰也是客户认可的，而不是他所反对的。

5. 销售人员与客户会面时，最重要的一点是去主导客户而不是迁就客户，不管客户是否冷漠，也不管他是傲慢，即使客户发生意外，也要灵活应变，使自己成为主导。

第七章

处理异议，把客户的顾虑变成销售的机会

俗话说：“褒贬是买主，喝彩是闲人。”如果客户对你的产品有异议，销售人员一定不要抵触，而要从积极的方向认识到这是成交的信号。因此，销售人员在面对客户的异议时，一定要心平气和，想出周全的办法得体地去化解，并且将异议转化成销售的机会。本章介绍几种处理异议时的口才技巧，供销售人员参考。

客户异议的八种基本类型

客户的问题和异议就是销售人员的机会。

——弗兰克·贝特格

异议就是客户提出的反对意见。这无疑是成交的障碍，但是如果处理得当，异议反而转化成成交的信号。异议几乎是不可避免的，几乎每个客户都会提出自己的异议来，因此，销售人员如何处理异议是必备的销售技巧之一。这里先重点介绍一下异议的基本类型。

（1）价格异议。这是在推销过程中，销售人员遇见的最多的一类异议。从市场供求关系的具体情况来看，客户一般对产品的价格最为敏感，因为这与客户的切身利益直接相关，所以许多客户在产生购买欲望之后，首先就对价格提出异议。人们最常听到的异议就是："你这价格太高了！"

（2）销售人员异议。这是客户针对某些特定的销售人员的缺陷提出的，诸如销售人员的言语沟通不畅、信誉欠佳、缺乏应有的推销礼仪等，都可能导致客户对销售人员的异议。

（3）产品异议。在洽谈过程中，当客户对销售人员所推销产品的质量、规格、品种、设计式样、包装装潢等方面提出反对意见时，客户对产品就有了异议。产品异议是一种常见的客户反对意见，一旦客户已经了解自己真实的需求，但又担心眼下这种产品能否满足自己的需求时，自然会产生某种异议。产生这一异议的原因同样也是复杂的，它可能由于产品自身的不足，但大多数来自客户的主观因素，如客户的文化素质、认识水平、消费习惯、购买方式和其他各种社会成见。

（4）需求异议。当客户对销售人员说："我不需要这东西！"或者干脆告诉你："我早已经有了！"诸如此类的话语，表明客户是在需要方面产生了异议。需求异议的根源有：第一，客户真的不需要你推销的商品；第二，客户的偏见与成见；第三，出于某种借口。如果根源在于第一种情况，那么销售人员就应该适时停止宣传介绍。如果根源在于后几种情况，那么销售人员就应运用有效的异议化解技巧来消除这些障碍。

（5）购买时间异议。这是客户有意拖延购买时间而提出的反对意见。比如，某位客户对上门来的销售人员说："让我考虑一下，下星期再给你答复。""我们不能马上决定，研究以后再说吧！"

客户在面对销售人员的推销时，可能会由于种种原因，希望拖延和推迟购买时间，有的是由于手头资金不足，有的是尚未考虑好是否购买，有的是身边还有存货，有的则是一种推托的借口。对此，销售人员应作具体分析，区别对待。

（6）支付能力异议。这是指有些客户以无钱购买为由提出的一种异议。如一位收入颇丰的客户买了一台日本进口的高级音响，他怂恿另一位刚毕业的小伙子也去买一台，后者坦率地告诉这位朋友，尽管建议很好，但现在无力购买。这种情况是一种真实的支付能力异议。当然，导致客户在支付能力上提出异议，其原因是复杂多样的，不仅出于财力问题，更多的可能源于客户的种种借口，从而产生虚假的支付能力异议。

（7）货源异议。货源异议是客户对推销商品来自哪家企业和哪个销售人员而产生的不同看法。在推销过程中，客户常会这样说：

“这种产品质量不可靠，我更喜欢品牌的产品！”这些都是货源异议。企业信誉不佳、同行之间出现激烈竞争、售后服务跟不上等情况均可能导致客户对货源方面提出反对意见。有时，客户的某种成见和误解也会影响到对企业整体形象的评价。

（8）决策权力异议。销售人员上门推销时，客户有时会当面说：“这件事我做不了主，需要跟上级领导商量后才能决定。”有的客户还会说：“订货的事我无权决定。”类似这样的言语称之为决策权力异议。这种异议与其他异议一样，有真实与虚假之分，销售人员要善于识别，准确判断，也许对方真的没有采购决策权，也许是因为出于其他的理由。比如客户需要时间了解信息，调查市场情况，以便在谈判桌上运用合理的策略来讨价还价，争取更大的优势。

找出异议背后的真实意图

异议不一定是真实意图，一定要弄清客户背后的“言外之意”。

客户在面对销售人员的推销时，总会对你提出这样那样的质疑，客户提出异议是因为他们想知道这件产品为什么值得购买，而这正是他们在向你微妙地传达对你的产品有兴趣。这些异议正是他们将要购买的一种信号。如果对此处理得当的话，那么随后的成交就很有希望。

实际上，有些反对意见的背后都潜藏着客户渴望了解更多信息的真实意图。下面就是一些这样的例子。

异议：我不觉得这价钱代表着“一分价钱一分货”。

真实意图：除非你能证明你的产品是物有所值。

异议：这尺寸看起来对我不大合适。

真实意图：除非你能证明我穿上大小、长短正合身。

异议：我从未听说过你的公司。

真实意图：我愿意买你的货，但我想知道你的公司是否有信誉、值得信赖。

异议：我正在减少开支，所以我不想买任何新产品。

真实意图：除非你能使我确信你的产品真是我需要的东西，不然我是不会掏钱购买的。

如果销售人员找不出客户提出异议的真正用意，那你就会错过很多本来有可能成交的生意。

辨别客户异议的最好办法就是当你提供肯定确凿答案的时候留心观察对方的反应。一般说来，他们要是无动于衷的话，那就表明他们没有告诉你真正的异议。

另外需要注意的是，当客户对你提出一系列毫不相干的异议时，他们很可能是在掩饰那些真正困扰他们的原因。如果你懂得“要是不想购买的话，没有人会提出如此之多的真正异议的道理”，那你就可以提一些问题，以便揭示出客户内心的真实意图。

判别客户异议的真假

以实代虚，以守为攻，欲擒故纵，从而激发起客户的购买欲望。

——戴夫·多索尔森

对于客户的异议，销售人员大可不必感到畏惧，要尽力辨别出客户异议的真假，然后采取适当的应对措施。

（1）真假异议的表现。区分异议的类型是非常重要的，这样有助于销售人员有针对性地采用对策。一般来讲，异议分为以下两种类型：

A. 真实的异议。客户对你的产品很不满意，或者他现在没有需要，或者对你的产品抱有偏见。或者他使用过你的产品，知道你之前的产品容易出故障。这些都属于真实的异议。

对于此类异议，销售人员可以视情况考虑处理的时机，是立刻还是延后。如果客户的异议重点是整个销售问题的关键，如果异议不能处理掉，就无法获得订单时，销售人员要立刻处理异议，保证进一步沟通的顺畅。

在其他情况下，可以考虑延后处理。如：客户对你的产品偏见太深，需要长时间沟通和解释时；当遇到你的权限无法解决的问题时；当客户对你的产品并不了解，就立即提出价格异议时；当客户的异议你无法用更确定的方式说服时……

B. 虚假的异议。虚假的异议主要是指客户用一些借口来敷衍销售人员，从而达到自己的目的的方式。根据客户的目的，虚假的异议可分为两类：一是应付销售人员，客户实质对产品或服务没有太大的兴趣，只是为了不想和销售人员沟通，不想介入销售活动，只是为了打发走销售人员。二是用异议混淆销售人员的视听，这种异议并不是客户真正在意的，这种异议也被称为“隐藏的异议”。如客户可能提出产品的品质、款式、功能、色彩等各方面的异议。客户这么说，并不是他的真正想法，而是借这种假象，来取得销售人员的让步，以达到降价的目的。

（2）对真假异议的判断。判断出客户的真假异议是非常重要的。如果客户的异议是假异议，只是为了压价，他提出产品的颜色不符合他的要求，而你却认为这是客户的真异议时，你解决问题的方法自然和客户的真实想法大相径庭，就会让双方的沟通不畅。因此，判断出客户的异议的真假是非常重要的。

判断客户的真假异议时，销售人员可以运用提问的方式，也可以通过对客户的身体语言进行判断。具体来说，身体语言可分为以下几种：

A. 表情语。人们常常通过面部表情来互相传递信息，像眼神动作和微笑、愤怒、悲伤等表情都可以起到传递信息的作用，表情不仅能够传递一个人的情绪状态，还能够反映一个人的喜、怒、哀、乐等内心活动。

B. 副语言。所谓副语言，指的是说话的语音、语调和语气等。它们伴随语言表达信息的真正含义，因而副语言与语言的关系非常密切，副语言更能表达出一个人的情绪和态度。

C. 体态语。所谓体态，指的是人们在交流过程中所表现出来的身体姿势，比如前倾、后仰、双臂交叉等。人们对待他人的态度，在体态上是很难掩盖和隐藏的，所以，销售人员要善于观察和分析，然后准确地判断不同体态透露出的不同信息，就很容易清楚客户表达的异议是真是假了。

判断出真假异议之后，针对真的异议，销售人员要采用相应的解决方式。而对于假的异议，销售人员就应该通过提问或旁敲侧击的方式来判断出客户的真实意思，从而更好地应对，做到有的放矢。

用真诚化解客户的异议

真诚可以换来客户，信任可以让客户变成合作伙伴，友谊可以让合作伙伴变成朋友，而朋友能为你带来更多的客户。

——弗兰克·贝特格

真诚地对待客户，从客户的角度出发，才能更好地看清楚客户异议的问题所在，然后再合理地帮助客户解决问题，就会获得客户的认同，促成交易。

（1）设身处地替对方着想。要做到替客户着想，就应该认同客户的观点，但是认同又不等于赞同，赞同是同意对方的看法和意见，而认同只是认同客户的感受，了解他的想法，但并不是同意对方的看法。销售人员要做的，就是认同而不是赞同。认同可以淡化双方之间的冲突，把需要解决的问题看成双方需要共同面对的问题，以利于进一步解决异议。

（2）学会去安抚客户的情绪。客户提出异议后，销售人员在认同客户的感受的基础上，更要安抚好客户的情绪。以友好的态度来对待客户，关注客户的情感和需求，直接与客户的情绪对话，真正了解客户的心声，了解客户的心理需求，并对此做出恰当的回应，从而营造出一种公平、愉快的氛围，给客户带来良好的感觉，也会大大提高成交率。

（3）真诚地去处理客户的异议。面对异议时，急躁和不舒服是正常的，但销售人员应该调整态度让客户感觉你明显尊重他的异议。只有在客户感到受尊重时，异议才会被重视，他才会相信你会全力解决问题而不是随口应付。他才会和你交流，说出心里话，提供更多的资料。

A. 进行积极的询问。在一般情况下，异议的背后通常有很复杂的原因。在没有确认客户异议的重点和程度之前，销售人员直接处理客户的反对意见，往往只是治标不治本，甚至有可能引起更多的异议。因此，积极地向客户询问就尤为重要，多问一些"为什么"，让客户自己说出原因。在询问客户问题时，多问一些开放性的问题，这样客户就会说出更多的信息，销售人员可以更好地做出判断。

B. 表达自己的诚意。在面对客户的异议时，销售人员可以运用以下回答来表明诚意："这是我们的责任……很抱歉……""您这么考虑是正常的，不过……""最迟今天下午5点时，我会给您满意的答复的。""我现在就给经理打电话。""我立刻去办。"

而对于一些情绪化的异议，如："这个包装太难看了""我不喜欢这个款式"等，销售人员只要面带微笑就可以了，这些意见和眼前的交易没有太直接的关系，销售人员只要以诚恳的态度对待，然后迅速转移话题。

C. 回答客户的异议。称职的销售人员不但懂得如何找出客户异议的问题所在，准确回答客户的问题，还要善于选择适当的时机，懂得在何时回答客户异议的销售人员，会取得更大的成绩。何时回答客户的问题，要具体情况具体对待，在一般情况下，异议是需要立刻回答的，这既是对客户尊重的需要，也是促成客户购买的需要。

处理异议的语言技巧

在处理异议时，销售人员千万不要给自己下绊脚石。

——博恩·崔西

根据不同客户的反对意见，销售人员应选择相应的处理方式，并加以解释和说明。这种回答和解释的过程，实质上就是说服的过程。

（1）“YES”—“BUT”法。以“YES”的回答来接受客户的意见，接着用“BUT”的方式来陈述反对的意见。例如：

“您刚才说睫毛膏用上去比较干，是的，如果您每次使用之前来回拉动几下可以让膏体充分附着在刷上，那样就不会感到干了。”

（2）先发制人法。对客户可能要提出某些反对意见时，最好的办法就是自己先把它指出来，然后采取自问自答的方式，主动消除客户的异议。这样不仅会避免客户反对意见的产生，同时，销售人员坦率地指出商品存在的某些不足还能给客户一种诚实、可靠的印象，从而赢得客户的信任。但是，销售人员千万不要给自己下绊脚石，要记住：在主动提出商品不足之处的同时，也要给客户一个合理的、圆满的解释。例如：

“您现在可能在考虑压力是否过大了，不必担心，这个安全阀的作用正是防止压力过大的。”

（3）询问法。从客户的反对意见中找出误解的地方，再以询问的方式来征询意见。例如：

一位客户正在观看一把塑料把柄的锯，问道：“为什么这把锯的把柄要用塑料的面而不用金属的呢？看起来像是为了降低成本。”

销售人员：“我明白您说的意思，但是，改用塑料柄绝不是为了降低成本。您看，这种塑料是很坚硬的，和金属的一样安全可靠。您使用的时候是喜欢既笨重、价格又贵的产品呢？还是喜欢用既轻便、价格又便宜的呢？”

（4）引用比喻法。通过介绍事实或比喻以及使用展示等（如赠阅宣传资料、商品演示），用较生动的方式消除客户的疑虑。例如：

客户说：“一张好好的脸上抹那么多层化妆品，那还不抹坏了呀！”

销售人员回答：“您看，在很多层衣服里面的皮肤，因为衣服阻隔了大部分的阳光照射和空气中的粉尘、污垢，不容易受到伤害，所以就细嫩。但是面部皮肤就不一样了，它会因为经常受到阳光的暴晒导致黑斑的产生，皮脂腺分泌出的油脂沾上了空气中的粉尘和污垢之后，就很容易阻塞毛孔，使皮肤产生黑黄色素、脓包、粉刺和过敏等。所以，我们应该给面部皮肤穿上衣服。”

（5）自食其果法。使客户对商品提出的缺点成为他购买商品的理由，这就是自食其果法。对压价的客户，可以采用这种方法。例如：

某客户问：“你们的制度为什么那么死，不如别的商家灵活，你们能卖出去吗？”

此时，销售人员要用肯定的语气回答：“因为商品是通过质量创建品牌，而不是通过销量创建品牌，我们一直认为没有一个严谨的、稳定的制度是不能制造出好的产品来的，也不能对消费者负责。您说呢？”

巧妙提问化解异议

有些疑问会成为异议，而许多疑问却代表了买方方面合情合理的关注。这些可能会代表买卖有所变动，但如处理不得体，则很可能会砸了买卖。

——弗兰克·贝特格

客户提出异议时通常会问出各种各样的问题，或者摆出五花八门的理由来。这时，销售人员面对客户的异议时，不妨采取以其人之道还治其人之身的办法，用巧妙的提问方式，将客户的种种问题一一化解开来。

（1）把反对问题转化成一个问题。10本书分开放和叠在一起，哪个看起来多？当然分开放感觉上多，这是人的视觉印象。3个问题转化为一个问题，哪种想起来烦？当然是3个。3个问题心理上压力大，这是人的心理错觉。

客户说：“我觉得保险不好。”“理赔不干脆。”“我没钱。”

问题不少，让销售人员一头雾水，而客户本身也自以为：“这么多问题存在，我不买保险是有道理的。”

有经验的销售人员就会指出：“保险不是不好，是您找错销售人员了；理赔不是不干脆，而是文件不齐。其实您真正的问题只有一个，就是钱。您想吃饭，没钱就不吃吗？您想买房子，钱不够就不买吗？不是的，关键在您是不是觉得这东西对您很重要？如果重要，您就会设法筹钱，对不对？”

把一堆问题转化成一个问题，问题就好解决了，这是应付拒绝的绝招。

（2）利用周围事物化解客户的异议。为了更好地化解客户的异议，不妨多多利用客户周围的事物作为题材，一般人都有一个共同的心理，与自己无关的事终究是他人之事，很少会付出真正的关心；但是一旦事关自己，则已心大乱！

客户：“我家小孩根本不爱念书，买了也没用！”

销售人员：“如果做妈妈的都放弃的话，还有谁来关心孩子的作业呢？那盆茉莉开得真漂亮，是您种的吧？”

客户：“是啊！”

销售人员：“每天都要浇水吧！您对一盆花都那么爱惜关心，为何会对孩子的事不管呢？孩子也跟花一样，花需要浇水施肥才会开得漂亮，否则很快就枯死了。同样的，孩子也需要有人细心呵护，不断供给养分，如果因为孩子不爱念书就不买书给他，那孩子只会更不想念书，您说是吗？”

下面还有一个例子：

客户：“资质差再用功也没有用！”

销售人员：“李太太，您戴的金戒指款式真别致，黄金这种东西原本是以颗粒状藏在乌黑的石头中，相信您一定也听说过，必须先将石头打碎，将其中的金砂、金粒取出，再加以淬炼才能成为纯金。在人脑中也藏有无数的金砂、金粒，就看是否有人愿意助其一臂之力，加以淬炼成金，相信您一定希望自己的孩子成龙成凤，您愿意帮助他吗？”

总而言之，销售人员可利用的题材很多，以眼前看得见的物品作比喻，更具有说服力，同时也可利用亲切感改变客户执意拒绝的心意。因此，销售人员拜访前不妨事先准备一些可作为比喻的小道具，若能从客户家中、身上之物找寻出适合的题材，效果更好。

本章小结

1. 客户提出异议不一定是坏事。经过你的巧妙说服，坏事能变成好事。

2. 面对客户的异议一定要沉住气，不能意气用事，而是用真诚和聪明去化解。

3. 一定要找到客户的真实意图，读出异议背后的真正用意，并注意甄别哪些是真异议，哪些是假异议。

4. 处理异议要灵活，也要掌握尺度，要使用委婉的语气，在否定客户的异议时，不是强调异议的荒谬，而是要让客户知道你理解他的异议。

5. 客户提出异议的理由有很多，但关键是你要通过讲道理、摆事实的方式，耐心地让客户认识到他的异议是不成立的。

第八章

报价议价，让客户心甘情愿掏腰包

价格问题最直接地关系着销售人员的绩效，而最终则与销售人员所在公司的利润挂钩。因此，销售人员在与客户报价议价时，要掌握技巧，一方面，要学会灵活运用报价的技巧；另一方面，也要了解客户的还价技巧，以便给予破解，并能做到使用恰当的方法说服客户，双方最终就价格问题达成一致意见。只有这样，才能在保证己方的利益不受损失的同时，也能保证与客户进行愉快的合作。

摸清客户的底线

知道客户的拒绝价，比知道他的期望价更重要。

——金拉克

在议价过程中，摸清客户对价格的底线非常重要。因为只有做到这一点，才能让双方在互利的条件下成交。那么对于销售人员来说，怎么摸清客户的底线呢？

（1）可以用编造老板意见的方法来抬高底价。比如，客户想花15元买一个电源插座，而你要的价是20元。你可以说："我们都觉得这个产品的价格还可以。如果我能让老板降到17.5元，你能接受吗？"拿老板做挡箭牌，这并不意味着你要以17.5元卖给他们。然而，如果他觉得17.5元也可以，你就把他的商谈底价提高到17.5元，现在与你的要求只差2.5元，而不是5元了。

（2）通过提供一种质量较差的产品来判断他们的质量标准。例如，"如果你只付15元，我给你看铜接点的插座可不可以？"用这种方法，你或许能让他们承认价格不是他们唯一的考虑。他们确实关心质量。

（3）推荐质量更好的产品，确定他们愿意给出的最高价格。例如："我们还有更高性能的插座，但是每个25元。"如果客户对这种性能感兴趣，你知道他愿意花更多的钱。

有一种办法可以解除客户的警惕，他会跟你说些真心话，要是他知道你在卖这种商品，他就不这么做了。你说："我喜欢跟你做买卖，但是这件商品不是我的，以后我们再合作吧。”你以这种方式解除了他的武装，接着你说：“我很遗憾不能卖给你这个插座，但就咱们俩说，到底多少钱你买？”他也许会说：“我觉得15元是最低的价格，但我想18元也是可以的。”

客户有一个期望价，还有一个拒绝价，在商谈中，你不知道他的拒绝价是多少，因为你总是考虑他的期望价。如果运用这些技巧，你很可能摸清客户的拒绝价。

报价的技巧

报价报出的数字虽然简单，但隐含的信息量却不简单。

——金拉克

报价是销售过程中一个很关键的阶段。价格报得过高，会被客户认为没有诚意，而价格报得过低，则会让自己的利润受损。因此如何恰到好处的报价是需要掌握一定的技巧的。

（1）掌握好谁先报价的问题。在与客户的沟通中，究竟谁先报价？是由销售人员报价还是由客户报价？这个问题在实践中一直有争议。

但是不管怎样，销售人员应该注意到在报价先后的问题上都存在的利弊。其有利的方面是：先报价的影响大。如销售人员先报价，实际上为谈判定下了框框，最终交易合同将会在此范围内达成。因此，先报价比后报价的影响要大，力度要大。

其不利方面是：如果客户对销售人员的价格起点已有所了解，对方可以修改自己的报价即还价，获得可能本来得不到的好处。

在推销报价中，究竟应该谁先报价，则要具体问题具体分析，看看先报价、后报价对销售人员是否有利。如果谈判很激烈，销售人员则不妨先报价，以争取主动；如果是正常气氛的推销洽谈，则可以相机而行，见机行事。

如果推销对象是老客户，彼此已有长时间的业务往来，双方的合作关系较长，互相了解，关系融洽。在这种情况下，谁先报价对双方来说都是可行的。而且，在洽谈各项合同条款时，也不必逐项议定，因为，以往的、通行的做法得到了双方的确认，因此，需要洽谈的只是少数几个交易条件。由于双方彼此之间比较信任，合作气氛浓厚，报价和议价阶段也就不再是一个棘手的、需要反复较量的过程了，双方都不会在枝节问题上过多地纠缠，因而整个谈判进程就可大大加快，在较短的时间内就能顺利地完成交易。

（2）最高的可行价。在报价时，从销售方来说，一般的报价是最高的可行价。从客户来说，一般的报价是最低的可行价。

销售人员的报价为什么往往是最高的？其原因是：第一，报价给买方的要价订了一个最高的限度。一经确定，一般而言，就不好再提出更高的要价了。而客户也不会接受比这更高的价格。第二，报价又直接影响客户对产品的印象和评价，即这个产品值不值这个“价”钱。第三，报价若高一些，则为以后的磋商留有余地，手上有一个进行交易的“筹码”。第四，报价往往对成交的价格水平具有实质性的影响。

在报价时，销售人员常认为，要价越高，目标越高，客户的还价不可能太低，因此，这种报价法可能带来的好处就越多。但是销售人员报高价必须是合乎情理的，要注意报价不能漫天要价，信口开河，随心所欲。任何一个报价，销售人员必须讲出道理来，说出个“所以然”来！如果销售人员讲不出更多的理由，则会有损于整个推销洽谈过程，使自己陷于被动、有失面子、丧失信誉，结果最终被迫作出让步。

在报价时，采用“报价要高”的策略，就是销售人员要价要高、让步要慢。如果采用这种策略，销售人员一开始就能削弱客户的信心，同时乘机摸清对方的实力与立场。若销售人员能在谈判时善于利用这个策略，并争取商榷的机会，则将会有意想不到的收获。

值得注意的是：进入报价阶段，报价时，最高价的确定必须要注意客户，即要研究客户的交易方式和态度，并要区别对待。

如果客户过分追求自己的利益，从一开始就向销售人员施加压力和影响，则推销人员必须树立信心，以高价向他们施加一定的压力。

如果与客户进行推销洽谈的不只是己方一家，而是竞争对手较多，那么，则只需把价格定到至少能够引起客户注意的位置，使之有一定的吸引力，并能维持推销洽谈。

销售人员在报价时还应注意：报价要明确，没有保留，毫不犹豫，提出报价也不必去作说明。其原因是：对方对你的报价一般不会接受，或不会马上接受，必然要进行询问。如果你报价后立即说明，反而使对方意识到："啊！原来你们关心的是这些问题"。

还价的技巧

还价的技巧不在价格上，而是在于客户的心理平衡上。

——金拉克

在价格谈判中，一方已经报价，如“这已是最后的出价”或者“这是最高价”，这种报价听起来似乎已经没有回旋的余地了。在这种情况下，另一方肯定不会轻易相信对方的话，而是会先试探对方的决心，经过试探，对方决心已定，没有让步的余地时，他会作出决定：要么决定签字，要么决定不做这笔生意。如果经过试探，认为对方只不过是虚张声势，就有必要还价了，还价的技巧一般体现在以下两个方面：

（1）还价前的运筹。一方报价后，对方马上对对方的报价作出适当的反应，在通常情况下，一方报价后，另一方未必会无条件接受前者报出的价格。在销售过程中，价格是人们最关心的，人们往往存在以下心理：

A. 想买到更便宜的产品。

B. 为了超越竞争者和很好地发展自己，要以更低的价格购买产品。

C. 为了表明自己的谈判能力，要在讨价还价中击败对手。

D. 想在周围人的面前显示一下自己的才能。

E. 怕吃亏。

F. 把对方的让步看成是提高自己身份的标志。

G. 根据经验，只有讨价还价才能促使对方让步。

H. 不了解产品的价值，不知道它究竟值多少钱。

I. 想搞清产品的真正价格。

J. 想从第三者那里买到更便宜的产品，因此设法削价，给另一方施加压力。

K. 除了价格以外，对方还有其他重要意见，价格问题只是一种掩护。

L. 对方想利用讨价还价达到其他的目的。

还价是针对对方开出的价格进行第二次报价，销售人员为了使讨价还价能朝着有利于自己的方向发展，接到报价后，应仔细过目其全部内容，而且还要通过内容来判断对方的意图，分析一下哪一项是至关重要的，哪一些是次要的。

还价时，销售人员首先要询问对方报价的根据，以及在各项主要条件下有多大的通融余地，同时要注意听对方的解释和答复，不要加以评论，更不要主动地猜测对方的动机和意图。在询问中，自己的意图不能泄露，如果对方做类似的提问，则应做最少的答复，并掌握好哪些是该说的，哪些是不该说的。

（2）讨价还价中的让步。销售人员在与客户的价格谈判中，妥协让步是常有的事情，而适当让步、把握大局做起来却很难，因为双方都是势均力敌的谈判对手，谈判经验比较丰富。处理讨价还价中的让步问题在一般情况下有如下几种方法：

A. 不要作无端的让步。在谈判中，每次让步都要换取对方在其他方面的相应让步。

B. 让步要恰到好处。在需要的时候，以小让步换取对方的满足。

C. 在次要问题上可根据具体情况首先作出让步，以诱使对方在重要问题上作出让步。

D. 不要承诺同等幅度的让步。在谈判中，一方在某一项目的价格上作出让步后，也要求另一方作出同样幅度的让步，这时另一方就应当找出恰当的理由婉言拒绝。

E. 可撤回自己的让步。如果在价格上作了让步，又觉得考虑欠周，想收回，那就该当机立断，以免错过时机，在还价阶段完全可以撤回自己的让步。

F. 一次让步的幅度不宜过大，节奏也不宜太快。让步幅度大且快，对方就会觉得你的让步是件容易的事情，从而增强对方的自信心，使对方在以后的谈判中掌握主动。

用反问应对客户的杀价

销售人员有针对性地提问，往往能够获得评估客户的重要信息，并且有助于计划下一次推销访问，还有助于设计一套有说服力的推销方案。

——雷蒙·A.施莱辛斯基

在价格谈判中，销售人员想以最高的价格卖给客户，而客户则想以最低的价格买到所需的产品。这样，双方在价格上有时会经常出现僵局，当谈判进行到一定程序后，卖方可首先要价，而买方不是马上递价，却向卖方提出了一连串的问题，买方在卖方的回答中寻找可能出现的机会，为讨价还价做准备。这就是所谓的反向提问技巧。

在通常情况下，客户所提出的问题大多数与杀价有关，归结起来有以下几种：

（1）“如果我方提供一些你方急需的原料、工具或其他机器呢？”

（2）“如果我方加大订货量或减少订货量呢？”

（3）“如果对你方这几种产品我方都订货呢？”

（4）“如果我方买下你方的全部产品呢？”

（5）“如果我方向你方长年订货呢？”

（6）“如果我方以现金支付、迟付或分期付款呢？”

（7）“如果在淡季我方仍然向你方下订单呢？”

（8）“如果我方向你方提供技术力量呢？”

（9）“如果我方自己去提货，免除你方那些服务项目呢？”

客户提出上述比较尖锐的问题，销售人员稍有不慎，任何一个问题都可能暴露卖方的意图。

所以，销售人员要慎重对待客户的每一个问题，不能随便答复对方，以免使对方抓住破绽使自己陷于被动地位，或者将双方引入讨价还价的境地之中。

销售人员针对客户要价后的反问，作回答时一般应遵守下述原则：

（1）不要对对方的设问立刻做出估价。

（2）分析对方设问的真正原因，不要被其大批量或小批量的让利声明而诱惑住。

（3）以对方先确定的订货量为条件再行报价。

（4）回避问题，拖延时间，为报价做好准备。

（5）以其人之道，还治其人之身，将“球”再踢回去，提出种种附加条件请对方考虑。

因此，反向提问法是处理价格问题的一种途径与重要技巧。

用低价策略说动客户

不应顺着对方的角度单一地去考虑价格的合理性。

——邰勇夫

谈判进行到一定程度，双方的价格也差不多该定下来了，由于推销方的价格与购买方的价格始终还是有一定差距，销售人员为了防止购买方大力杀价，可以采取低价策略。这种低价策略可以通过以下方法实现：

（1）以最小或较小的计价单位报价。销售人员在报价时，不管洽谈的交易数量有多大，都应尽量以小的计价单位报价，这样对方容易接受。例如，有些产品的成交是以集装箱或吨为计量单位的，但在报价时仍然以每千克或每百千克多少元的形式报出。采取这种方法更能促成交易，其道理就在于这种报价可以使对方产生错觉。

（2）价格比较。价格比较是销售人员用所推销产品与同类产品进行比较，用较高的同类产品价格与所谈的产品价格作对比，那么，所谈的产品价格就显得低了些。运用这一策略，销售人员手中至少要掌握一种较高价格的同类产品。

（3）采用示范法。如果客户真的觉得产品的价格高，难以接受，销售人员应该把所推销的产品与一些劣质的竞争产品放在一起示范，借以强调所推销产品的优点。在示范中所表现出的产品差异会使客户的反对意见马上无影无踪。

（4）抵消法。客户提出产品价格太高问题时，销售人员可以强调其他所有能够抵消价格高的因素。如果价格确实很高，而且已经因此而发生了争议，唯一的方法就是将产品的优点全部列出，有助于补救高价格的欠缺。

低价策略处理法虽然在价格磋商中被经常使用，但是它并不是价格谈判中的上上策。

在通常情况下，销售人员为破解低价策略，可采用如下方法：

A. 不管对方如何划小计价单位，或变换报价形式，你都不应忘记，单位价格的基础是产品的成本，双方应坐下来细细算账。

B. 在出现价格比较的情况下，你应注意不同材质的区别和功能上的差异将给日后使用时带来的不便。

C. 上述策略中的价格比较和抵消法，略加调整就可成为互相克制的方法。

D. 放开视野，多角度考虑问题，不应顺着对方的角度单一地去考虑价格的合理性。

顺着客户的思路说服

顺着客户的思路说下去，表现是顺承其意，而最后的实质是转变他的思路，以达到自己的说服目的。

——乔·吉拉德

眼看即将成交，但是客户对价钱还是有些异议，这个时候与客户的交谈非常重要，如果言谈不得体，可能会让即将成功的交易泡汤。如果能摸透客户的心思，可能很快就能促成交易。

“你觉得多少钱合适？”这很显然是销售人员自己主动进入讨价还价阶段，让客户掌握主动，自己处于被动地位。

“这就不贵了，还有更贵的呢！”这样的话无疑是暗示客户见识少，这么点钱就觉得贵，有点瞧不起客户的意思，伤害客户的自尊心。

“好东西的价格肯定高啊。”这是反驳客户的说法，这样的说法很不可取，会让客户觉得没面子。

如果经过观察判断，觉得客户购买的可能性很大，但是在价格上他还想得到些优惠。这个时候销售人员一定要有耐心，稳住自己，分析一下客户的心理。

已经看出客户有购买的欲望了，但是还是说贵的话，最大的可能是说贵只是借口，客户想以此要求销售人员给予降价或获得其他利益。这个时候销售人员应该顺着客户的思路进行说服，说服的方法有以下几种：

（1）采用构图讲解法说服。

客户："能不能再便宜一点啊？"

销售人员："先生，您真是太有眼光了，这双运动鞋不但款式新潮时尚，而且面料和做工更是一流！目前这个价格已经在原价的基础上打了8折，对于这么好的运动鞋来说，绝对是物超所值的！您想象一下，当您穿着这样潇洒的运动鞋出现在女朋友面前时，您将在她心目中留下多么美好的印象啊！您说是吧？"

（2）采用时间细分法说服。

客户："我没必要买这么贵的啊！"

销售人员："您可不能这么说，好东西是人人都需要的！常言道'没有最好，只有更好'，像您这样的青年才俊不配这种时尚的装饰怎么行呢？这套装饰品虽然有点贵，但它质量上乘，一看就知道品位不凡，而且用个十年八年肯定没有问题，这样算下来每年就一百多元钱，与在外面吃一顿快餐差不多！您还觉得贵吗？"

（3）采用比较法说服。

客户："我觉得还是有点贵。"

销售人员："其实真的不贵了，我们来做个比较，您也知道市场上某某牌子的多少钱吧，这个产品比某某牌子便宜多啦！您看质量还比某某牌子的好。我这不是在贬低某某牌子，抬高我们自己的商品，我只是在说事实。”

（4）采用拆散法说服。

客户：“我觉得还有点贵。”

销售人员：“真的是不贵了，您看这个显示器给您算……（价格），这个主板给您算……（价格），这个硬盘才给您算……（价格），您再看……（其他电脑组件的价格），而这对音箱又是免费赠送给您的，每一组件给您的都不贵，合起来就更加便宜了。”

（5）采用赞美法说服。

客户：“我觉得还是有点贵。”

销售人员：“先生，一看您，就知道平时很注重生活品位的，不会舍不得买这种产品。如果这次买了我们的商品，觉得不错的话，欢迎您下次再来光顾啊！”

总之，要传递给客户这样的信息，这么好的商品才卖这个价格已经很实惠了，然后强调商品的优点及能够带给客户的利益，让客户强烈地意识到自己对商品的需求。

先“咬紧牙关”后松口

你咬得越紧，吐得越缓慢，客户的心理就会越平衡。

——佚名

讨价还价确实是销售工作中司空见惯之事。有时，销售人员提供的是优质服务和优质产品，不想用降价来取胜，面对着客户压价的要求，要以坚定的语气，心平气和地对客户说明不降价的理由。

客户：“你能打多少折扣给我呢？”

销售人员：“抱歉，本公司一向规定不打折扣，因为我们的产品在质量上是从不打折扣的，所以也很难在价格上打折扣，如果我们随便打折，那我们公司将名誉扫地。”

客户：“某公司答应如果我们买他们的产品，就给我们九五折，你们为什么不给折扣呢？”

销售人员：“据我们所知，给折扣的某公司早已把那5%的利润打入售价之中。本公司绝对不用这种‘羊毛出在羊身上’的办法讨好客户。我们现在的售价是最合理的最低的售价，您不认为我们是家有信用的诚实的公司吗？”

在上述案例中，销售人员抓住公司的声誉做文章，使对方感到公司确实是可以信任的，因为他们宁可冒减少销售的危险，也不干骗人的勾当。

人们在决定购买大宗物品时，虽然都想从各方面能节省一些开支，但能否省下各项小宗的开支，一般不会影响最后的交易。这正如5 000元一台的钢琴买得起，就不会在乎100元的琴凳了。精明的销售人员要善于抓住客户的这种购物心理，咬紧价格不放松，这样你会增加许多额外的收入。

总之，讨价还价是销售过程中一个必不可少的环节，只要抓住客户的购物心理，充分运用语言的技巧，请相信，没有顽固不变的客户，只有咬紧价格的销售人员。

本章小结

1. 报价议价是销售的一个必然过程。报价不要过高，也不过低，要摸清客户的底线。

2. 还价也是客户的必杀技，因此非常有必要了解客户的还价技巧，以便有针对性地予以“破解”。

3. 低价策略只是将价格细分，但总量不变，即并非真的降价。

4. 就如蓄水，如果你一直咬紧牙关，坚持自己的报价，客户会越来越觉得你真的是不能再让价了，到时候你稍有松口，客户也会觉得自己获得了很大的实惠。这其实就是一种心理战。

5. 顺着客户的思路说服他，就像是让他自己说服自己一样。关键是如何在“顺着”客户的同时，找到“转向自己”的“转折点”。

第九章

妙语促进，让交易最后一锤定音

成交是令人激动人心的大好事。但成交之前也要经受一段“煎熬”。如何更快速的成交来自于销售人员敏锐的眼光和伶俐的口才。世界上最伟大的推销员乔·吉拉德说：“挠到客户的痒处，你就有成交的希望。”那么，如何“挠到客户的痒处”呢？本章将一一道来。

迅速捕捉成交信号

一位成功的销售人员，在示范产品时，会仔细观察客户的身体语言信号，评估客户对产品示范的反应，并据此调整示范方法，促使交易完成。

——雷蒙·A.施莱辛斯基

在销售过程当中，成交时机总是若隐若现，难以把握。一流的销售人员非常清楚，客户购买的时机只有那么一瞬间。其实这种仅此一刻的情形，大约20次销售中才出现一次，另外的19次都会出现许多隐蔽成交契机，所以，成功的关键就是要好好把握这些机会。

成交信号是客户通过语言、行动、情感表露出来的购买意图信息。有些是有意表示的，有些则是无意流露的，后者更需要销售人员细心观察。客户成交信号可分为语言信号、表情信号和行为信号三种。

（1）语言信号。当客户有购买打算时，从其语言中可以得到判定。例如，当客户说："你们有现货吗？"这就是一种有意表现出来的真正感兴趣的迹象，这表明成交的时机已到；当客户询问价格时，说明他兴趣极浓；当商讨价格时，更说明他实际上已经要购买。

语言信号的种类很多，有表示欣赏的，有表示询问的，也有表示反对意见的。应当注意的是，反对意见比较复杂，在反对意见中，有些是成交的信号，有些则不是，必须具体情况具体分析，既不能都看成是成交信号，也不能无动于衷。只要销售人员有意捕捉和诱发这些语言信号，就可以顺利促成交易。

（2）表情信号。从客户的面部表情可以辨别其购买意向。眼睛注视、嘴角微翘或点头赞许都与客户心理感受有关，均可以视为成交信号，客户的一举一动，都在表明客户的想法。从明显的行为上，也完全可以判断出客户是急于购买，还是抵制购买。及时发现、理解、利用客户表露出来的成交信号，并不十分困难，其中大部分也能靠常识解决，具体做法一要靠细心观察与体验，二要靠销售人员的积极诱导。当成交信号出现时，要及时捕捉，并迅速提出成交。

（3）行为信号。行为信号是那些客户在形体语言上提供的线索。这些信号会告诉销售人员，他们在心里已经作了准备购买的决定。购买信号是突然的，销售人员一定要细致观察客户，当客户发出购买信号，表示出购买的意愿时，销售人员就要及时作出应对。

促成交易的口才技巧

在次要问题上做文章，一旦达成一致意见，再主攻重点的价格问题。

——施莱辛斯基

销售成交是指客户接受销售人员所销售的商品或销售建议，表明成交意向并采取实际购买行动的过程。在实际销售过程中，有以下几种成交技巧方法：

（1）假定成交。假定成交法是指假定客户已经接受了销售建议而展开实质性问话的一种成交方法。这种方法的实质是人为提高成交谈判的起点。此技巧使用得当，可起到事半功倍的效果。

甲公司销售代表与乙公司代表进行销售谈判，双方开局谈得较融洽，甲公司销售代表可以适时地提出："您看什么时候把货给您送去？"若此时乙公司代表对这句话的表情没有不愿之感，可以进一步试探性地问："您想要大包装，还是小包装？"或者直接说："这是订货单，请您在上面签字。"

（2）异议探讨。异议探讨法是指在提出成交请求后对还在犹豫不决的客户采取逐步排除异议办法。在一般情况下，处理成交阶段的异议不能再用销售异议的处理办法与提示语言。这时，通过异议探讨，有针对性地解除客户疑问便有了用武之地，解除疑问法的提问模式多为诱导型的。

甲、乙双方已商谈成功，就在快签约时，乙方这时犹豫不决，甲方在此时不能放弃成交的良机，可以揣测乙方心理，对乙方的疑问予以答复。一旦了解了乙方的疑虑所在，就可以进行有针对性的解答了。

（3）避重就轻成交。避重就轻成交法是指根据客户的心理活动规律，先在次要问题上达成一致意见，进而促成交易的方法。

日本丰田汽车公司想占领美国市场，与美国某汽车公司进行联营，两者在谈判中，日本一方就是采用了避重就轻成交法，在次要问题上做文章，一旦达成一致意见，再主攻重点的价格问题。

避重就轻成交法在以下几种情况非常适用：

A. 交易量比较大或大规模的交易。

B. 客户不愿意直接涉及的购买决策。

C. 次要问题在整个购买决定中占有很重要作用的时候。

D. 其他无法直接促成的交易。

使用此方法可以有效地分散成交风险，即使客户对某一细节问题提出否定看法，也不会影响整体的成交。

（4）直接发问。直接发问法是指在适当时机直接向客户提出成交的方法，它可以有效地促使客户做出购买决定，达成交易；可以节省销售的时间，提高销售效率；可以充分利用各种成交机会，有效地促成交易；可以直接发挥灵活机动精神，消除客户的心理疑虑。正是其特有的优越性，使其成为用途广泛的成交方法。在一般情况下，以下几种情况可采用此技巧：

A. 比较熟悉的老客户。

B. 客户通过语言或身体发出了成交信号。

C. 客户在听完销售建议后未发表异议且无发表异议意向。

D. 客户对销售品产生好感，已有购买意向，但不愿提议成交。

E. 销售人员处理客户重大异议后。

直接发问法的使用也有一定的局限性：一方面，因语言过于直接外露，容易引起部分客户的反感，导致客户拒绝交易；另一方面，由于其使用条件是以销售人员的主观判断为标准的，一旦把握失控，就会使客户认为在给他施加压力，导致客户无意识地抵制交易。

委婉说服客户购买

我们要在客户的拒绝中去发现创意，因为客户“拒绝”或“顾虑”只是委婉的说法，实际上是客户现在不准备购买的真正原因。

——戴夫·多索尔森

在现实中，有很多胆怯的销售人员在接近客户、说服客户的过程中都做得很好，可就是成交不了。原因是什么呢？因为他不敢催促客户，或者说，不懂得帮客户下定决心的技巧。

与客户沟通的最后阶段，也是销售人员帮助其下决心的时候。只要销售人员判断进入了这个阶段，马上就要用催促性的提问，促使客户的成交，要不然对方还会把钱多捂几天，这几天什么变化都可能出现。

那么，当客户就要下决心时，销售人员如何给予他最后的帮助呢？是单刀直入，直接催促他掏钱吗？当然不是，销售人员还需要一些委婉的方法。下面是一些常见的行之有效的方法：

（1）征询意见法。有些时候，销售人员并不能肯定是否该向客户征求订单了，也许不敢肯定是否正确地观察到了客户的购买信号。在这些情况下，最好能够使用征求意见法，销售人员可以采用如下问法：

“陈先生，买了这本书，对你的工作是很有帮助的，不是吗？”

“在你看来这些书会对你的公司有好处吗？”

“如果买了这些书，一定对你的孩子学习有很大帮助的。”

这种方式能让你去探测“水的深浅”，并且在一个没有什么压力的环境下，征求客户订单。当然，如果你能得到一个肯定的答复，那你就可填写订单了。像其他任何领域内的销售人员一样，你说得越多，越可能有失去订单的风险。

（2）从较小的问题着手法。从较小的问题着手来结束谈判就是请你的客户做出一个较小的决定，而不是一下子就要做出什么重要的决定，如让他们回答“你准备订货吗？”之类的问题。你所提的问题应该是：

“您看哪一种比较好？”

“您看是你们带走，还是我们给您送到府上？”

“我帮您拿到柜台去好吗？”

“如果您买了的话……”

“让我们把货送到您家？并且……”

（3）选择法。用以下的提问方法给你的客户以选择的余地——无论哪一个都表明他/她同意购买你的产品或服务。你可以让客户选择：“要这一种还要那一种？”或者“是付现金还是赊购？”

（4）敦促法。你可以暗示商品非常畅销，如果客户不及时行动，将失之交臂。

“朱先生，这种产品销售得很好，如果你现在不马上要的话，我就不能保证在你需要的时候一定有货。”

同时把订货单递过去。如他对商品确有兴趣，就会填写订货单，推销也就成功了。

（5）悬念法。如果条件许可，又确实是这样，那么可表明现在买的好处：

“这个月要涨价。”

“这种型号的只有一件了。”

“唐先生，价格随时都会上涨，如果你现在行动的话，我将保证这批订货仍按目前的价格收费。”

但要注意，如果说得不妥当很容易失去客户。

总之，在与客户沟通的最后阶段，一定要用催促性的提问，帮助客户下定决心。这是铁定的规律，否则的话，你就要从头开始。

物以稀为贵促成交

一定要让客户觉得你的产品是一种“稀缺”的资源。

——原一平

“物以稀为贵”，如果你销售的产品让客户以为是稀有产品，即使你价钱高些，他也会购买。那么如何使客户觉得你的商品是“稀”有商品呢？

第二次世界大战期间，一位印度老人拿了三幅名画去市场上卖。这三幅画均出自名画家之手，恰好被一位美国画商看中，这位美国画商自以为很聪明，他认定：既然这三幅画都是珍品，必有收藏价值，假如买下这三幅画，经过一段时期的收藏肯定会大大地涨价，那时自己一定会发一笔大财。于是，他问那位印度老人：“先生，你带来的画不错，如果我要买的话，你看要多少钱一幅？”

“你是三幅都买呢，还是只买一幅？”印度老人反问道。

“三幅都买怎么讲？只买一幅又怎么讲？”美国画商开始算计了。他的如意算盘是先和印度老人敲定一幅画的价格，然后，按多买少算的原则，把其他两幅画一同买下，那样肯定能占点儿便宜。

印度老人并没有直接回答他的问题，只是表情上略显难色。美国画商却沉不住气了，他说：“那么，你开个价，一幅要多少钱？”

这位印度老人是一位地地道道的经商业的老手，他知道自己画的价值。于是装作漫不经心的样子回答说：“先生，如果你真心诚意地买，我看三幅800美元吧！这够便宜的！”

美国画商并非商场上的老手，他抓住多买少算的砝码，1美元他也不想多出，于是，两个人讨价还价，谈判一下陷入了僵局。

那位印度老人灵机一动，拿起一幅画就往外走，到了外面二话不说就把画烧了。

美国画商很是吃惊，他从来没有遇到过这样的对手，对于烧掉的一幅画又惋惜又心痛。于是小心翼翼地问老人剩下的两幅画卖多少钱！想不到老人要价的口气更是强硬，两幅画少了800美元不卖。

美国画商觉得太亏了，三幅画800美元，少了一幅，还要800美元。于是要求老人再便宜点。

想不到，那位印度老人又怒气冲冲地拿出一幅画烧了。这回，美国画商可真是大惊失色，只好乞求印度老人不要把最后一幅画烧掉，因为自己太爱这幅画了。接着又问这最后一幅画多少钱？

想不到印度老人张口还是800美元。这一回美国画商有点儿急了，问：“三幅画与一幅画怎么能一样价钱呢？你这不是存心戏弄人吗？”

印度老人见这位美国画商还想讨价还价，便说：“这三幅画出自知名画家之手，本来有三幅的时候，相对来说价值小点儿。如今，只剩下一幅，可以说是稀世珍宝，它的价值已经大大超过了三幅画都在的时候。现在涨价了，这幅画800美元不卖，最低得出价1 000美元。不然，我就烧掉它！”

这下，美国画商真的急了，生怕印度老人将第三幅画也烧掉，便一手按着画，一边说：“1 000美元，我买了！”

后来有人问印度老人，为什么要当着画商的面烧掉那两幅画？老人说：“物以稀为贵。所以我当面烧掉两幅画，留下一幅卖高价呀！”美国画商有个习惯，喜欢收藏古董名画，他要是看上，是不会轻易放弃的，肯定会出高价买下。并且他从美国画商的眼神中看出，这位美国画商已经看上了自己的画，心中就有底了。

上述案例中的印度老人可谓是非常精明的，他非常了解美国画商的购物心理，因此，他敢于大胆地销毁另两幅画，从而只剩下一幅，达到物以稀为贵的效果。当然销售人员采取这种办法时，往往可以根据自己公司的物以稀为贵的营销策略来进行。物以稀为贵是一些企业常用的一种营销技巧。限量销售就是物以稀为贵销售法的一种常用方法。物以稀为贵，紧俏的东西总是容易受到消费者的追捧，所以限量版正是利用客户的这种心理。限量版的设计与后来的宣传，是一种从产品到营销的过程，说明优秀的产品其实本身也是一种营销。

在名车领域，限量版就是品牌的“身份证”，是顶级豪车的代名词，因而很容易引起人们的关注。例如，在“2005上海国际车展”上，宾利一款价值上千万元人民币的限量版雅致728就吸引了众多参展者的眼球。

在鞋业领域，限量版也成为商家亮牌的新创意。有一家企业曾经推出一款运动鞋，在全球范围内引起了时尚爱好者的关注，因为这种配有刺绣的运动鞋属于限量版产品，在全球仅有20双。这让人感觉到物以稀为贵，因此引起人们很强的好奇心，这是在卖鞋吗？

根据二八定律，限量版就是赢利较强的那20%的产品，同时商家推出限量版，无疑也是树立一个视点，提高品牌的知名度。限量版对于供过于求的行业会带来一种与众不同的消费，用得恰当，对提升企业品牌具有独到的作用。

如果公司没有采用物以稀为贵的营销策略，销售人员也可以在面对客户时，强调自家产品相对竞品而言的“稀缺”之处、强调产品的限时生产、强调这款产品因为需求势头猛涨而供不应求来打动客户。这些方式从本质上说也是在强调物以稀为贵。

“二择一”法促成交

只有两个选择：非此即彼，但销售人员所提供的选择事项一定让客户从中做出一种肯定的回答。

——克莱门特·斯通

选择成交法有时也叫作“二择一”法。销售人员在假定客户一定会买的基础上为客户提供一种购买选择方案，并要求客户选择一种购买方法，即先假定成交，后选择成交。

选择成交法具体方法是，在问题中提出两种选择（如规格大小、色泽、数量、送货日期、收款方法等）让客户任意选择。

（1）选择成交法的优点。选择成交法可以减轻客户的心理压力，制造良好的成交气氛。从表面上看来，选择成交法似乎把成交的主动权交给了客户，而事实上就是让客户在一定的范围内进行选择，可以有效地促成交易。

（2）选择成交法适用的前提。客户不是在买与不买之间做出选择，而是在产品属性方面做出选择，诸如产品价格、规格、性能、服务要求、订货数量、送货方式、时间、地点等都可作为选择成交的提示内容。这种方法表面上是把成交主动权让给了客户，而实际只是把成交的选择权交给了客户，其无论怎样选择都能成交。这样可以调动客户决策的积极性，较快地促成交易。

（3）抓住时机，提出选择。当销售人员观察到客户有购买意向的时候，应立即抓住时机，用选择法与客户对话。如：

“这套衣服您是要白色的，还是黑色的？”

“我们礼拜二发货还是礼拜三？”

“付款你看是通过网银，还是支付宝？”

以上所举的都是选择成交法。

使用选择成交法，首先要看准客户的成交信号，针对客户的购买动机和意向找准推销要点，并把选择的范围局限在成交的范围内。选择成交法的要点就是使客户回避要还是不要的问题。

（4）运用选择成交法的注意事项。销售人员所提供的选择事项应让客户从中做出一种肯定的回答，而不要给客户拒绝的机会；向客户提出选择时，尽量避免向客户提出太多的方案，最好的方案就是两项，最多不要超过三项，多了会使客户举棋不定，拖延时间，降低成交几率。销售人员要当好参谋，协助决策，否则就不能够达到尽快成交的目的。

利用折扣促成交易

直接打折和变相折扣都能在关键时刻起到促进成交的作用。

——齐藤竹之助

为了促使客户做出购买决定，并使交易成功达成，通过折扣刺激客户的购买欲望已是现代商品交易中司空见惯的事情。在推销过程中，当与客户的谈判进入了关键阶段时，采用打折策略往往可以取得非常好的效果。

（1）利用折扣促使客户购买。

“喂？您好，是丁总吧！”

“是的，你是？”

“我是俱乐部的小谢，那件事您考虑得怎么样啦！”

“什么事？”

“关于您加入我们俱乐部的事。”

“这个事，我就不参加了，会费太贵了。”

“丁总，您这就言重了。参加咱们俱乐部的都是一些像您一样的高级管理人员，由于超负荷地工作，日积月累容易造成身体严重超支。身体是革命的本钱，适当的休息更有利于工作，您说是吧？”

“没你说得那么严重吧！”

“丁总，是这样，企业的成功是每个管理者的期望。文武之道，一张一弛。忙碌之余放松一下，到俱乐部打打球，锻炼一下身体，还愁没有充足的精力工作吗？同时，也免去您的家人对您身体的担心。比起咱们企业为国家所创的利润，会员卡这点费用算得了什么呢？”

“你还挺会说的。我们企业的效益不好，负担不起你那个什么卡。”

“丁总，您总是和我们年轻人开玩笑。我们俱乐部的会员卡还有您意想不到的优惠呢。”

“你指的是什么呢？”

“持卡人可以在与我们俱乐部合作的全国20家大型宾馆和度假村享受5%~10%的优惠，享受非持卡人所没有的便利。您一算就清楚了，就当您每月至少两次应酬，每次应酬800元，1个月下来就节省了将近2 000元，1年下来节省的钱也就不言自明了。我的这笔小学算术，丁总您给个分，算得对吗？”

“你这小姑娘的嘴可真是厉害。”

“丁总，您过奖了。正像您说的，咱们这个卡不便宜，可省下来的钱也不是个小数目。如果您加入的话，我可以在我的能力范围内给您最大的优惠。”

“你别说了，为了你的工作，也为了我的身体，我周末去报名。”

“谢谢丁总的支持，到时我会恭候您的光临。再见！”

上述案例中，销售人员在客户提出价格疑问后，并不是按照客户的思路解释价格，而是从需求度和迫切度这两个层次为客户进行分析，对客户进行相对价格的引导。

（2）使用变相的折扣。在实际的销售过程中，也可以利用变相的折扣来推动销售的成交。下面案例中的销售人员小方正是运用这种方法来销售房屋的。

喜欢牧羊犬的小方常常在出售房屋时带着他的小狗。有一天，他的客户费先生和妻子来考察一栋价值100万元的房子。他们喜欢那栋房子及周围的风景，但是觉得价格太高了，他们夫妇不打算出那么多的钱。此外，也有一些事情不十分令他们满意——如房间的设计、洗手间的空间等。

销售成功的希望很渺茫，小方几乎要放弃了。而后，费太太看见了那只小狗并问："这只狗会包括在房子里吗？"他回答："当然了，没有狗的房子怎么能算完整呢？"

费太太非常喜欢这只狗，因此极力促成了这笔交易。这栋价值100万元的房子的特殊折扣竟是一只小牧羊犬。

小方用自己的牧羊犬作为一种变相的折扣，送给了费太太，而费太太也因为自己的爱好得到的满足，而力劝丈夫买下了房子。这里面，小方的灵活起到了非常有效的作用。

用试探促使客户购买

试探的关键在于不露痕迹中探出客户的购买意愿并促使他购买。

——乔·吉拉德

客户即便有了购买的信号，也并不代表他马上就会购买，若真的想买，其表现出来的神态是显然不一样的。因此，为了准确掌握生意成交的机会，就要试探客户的购买意图，帮助他做出购买决定。

“这车是不错，就是价格高了点，再便宜点如何？”

“这车身选的是锰钢材质做的，外形设计也很漂亮，高贵耐用。这已是最低价。”（商品介绍）

“车圈好像有点不正。”（异议）

“我们可以马上调试。”

（马上试探）关切地问：“您急不急？如果不急的话可以现在就为您另装一辆。”（转入购买细节）

“那就另装一辆吧。”

与客户打交道，试探他的购买意图方法较多，一般是销售人员围绕购买细节，采用提建议的方式，提出两种选择，把客户引到一个一选一的道路上，跳开买与不买的实质问题，而直接进入买后的具体选择问题上。从而将买的意图变为一个心照不宣的事实。

在促成交易的过程中，销售人员问客户：“您买不买”是个很愚蠢的问题，因为里面包含否定的答案“不买”，给客户留下了说“不”的机会。

在生活里，并不是每句话都可以直说的，有时候以暗示来替代直言是取得更好效果的途径。在销售过程中，面对意欲击败你的对手，销售人员有很多话你更不能当面言明，而暗示既能保护你不被对方“侵入”，又能给对方适当的信息，促进销售成功。

暗示讲究的是含蓄、巧妙。在销售中，可能你的暗示会被忽视，所以暗示必须要双方配合才能取得效果。倘若真是对牛弹琴，你就得注意暗示的技巧，争取达到你的目的。

第一，会说也要会听。在现实的销售活动中，大部分销售人员都会因为过度紧张而错失了对方所给的暗示，延长了销售的过程。此外，有些销售人员认为暗示只有可能由自己发出，其实你的客户也和你一样期望早日结束，期望成功。他们也在试图从各种角度来接近你、配合你。因此你既要设法发出自己的暗示，更要善于捕捉对方的暗示。

第二，注意强调。假设你已经陷入了僵局，而又急于突破它，那你可以给以暗示。不论你如何暗示，要注意的是，陈述时，适当加强语气，给你的暗示打上“着重号”，如：“在一般情况下，我们是不给折扣的”“我们不能接受所有的改变”“你们要求的交货日期太早了”“我无权决定这个价钱”。

如果不幸你所有的暗示都没能达到效果的话，你还可以问对方一些假设性的问题，如：

“如果我们在原则上接受你的提议的话，你能接受我们的价格吗？”“如果我们接受你的要求，你是否也考虑接受我们的要求？”“我们该如何修改，你才能接受这项建议？”“如果我们提出新的方案，你对这项服务还有兴趣吗？”“目前我不打算讨论这个。”

如果以上种种暗示结果你能捕捉住，那么通过猜测你可能获得以下信息：

（1）有一般就会有特殊。

（2）全部不能接受还是可以接受一部分。

（3）日期太早，可以推后。

（4）我无权决定的话，可以跟我上司谈。

（5）目前不谈，以后可以谈的。

第三，尽可能地鼓励对方的暗示。当你确定了并不是你一厢情愿，对方也在尽一切可能促成销售时，你总会发现对方在一句话中含有暗示成分，那么你就应该尽可能地配合对方，使销售朝着行得通的方向进行。你的话语可以是：

“如果你能更详细地谈谈，如何修改才能使你接受……”

“我们可以考虑……”

正确回应对方暗示，一定要避免绝对语气：

“我们绝对不能接受你的提议”“我们不能接受这种改变”“想都甭想”。

更不能使用挑衅性语气：

"居心不良""根本是废话""没有用"。

重复你的暗示，直至对方听懂。如果一项暗示被忽略的话，最好再重复一下。

第四，有意错过暗示。在销售中，忽视对方无疑会拖延推销时间，但有意错过暗示则是一种技巧。这种技巧是那些销售中的强硬派的主要武器，用以维护他们不可妥协的意愿，也常常能反客为主地挫败对手，从而达到他们的目的。

暗示并不能保证一定能达到目的、达成协议，它也不能抚平双方的冲突，但它能使接下来的商谈变得更有弹性，更有效率，因此是销售技巧中不可缺少的部分，是值得每个销售人员重视的。在销售中，一些暗示问题可以考察一下你有没有做到这一点：在销售过程中，有没有任何愿意改变的现象？销售过程中的改变是否是一厢情愿？对方是否坚若磐石？你有没有用过一些明确的条件测试对方的真正态度？你有没能发现客户愿意改变的暗示？销售人员在与客户进行商务交谈时，销售人员为了占据主动地位，试探客户的购买意图，就相当于直接把交易推进一步，是一种行之有效的促进销售方法。

切记巩固销售成果

说声“谢谢”不需要花费什么，却含义深刻，给客户留下深刻印象。

——陈明莉

在客户决定购买，并达成成交协议后，作为销售人员，此时千万不要有大功告成的心态，一定要对成交结果进行确认，只有在双方确认的情况下才意味着交易的真正成功。销售人员一定要巩固销售成果，避免客户反悔。销售人员可采用如下的做法，有效地巩固销售成果：

（1）表示祝贺和赞扬。客户尽管已经同意购买，但在很多情况下，他还是有点不放心，有些不安，甚至会有一点神经紧张。这是一个非常关键的时刻，沉着应对客户对销售人员来说非常重要。客户在观察销售人员，看自己的决策是否正确，看销售人员是否会“卷起钱就走”。此时，客户比以往任何时候都需要友好、真诚的抚慰，帮他度过这段难熬的时间。

在成交之后，销售人员应立即与客户握手，向他表示祝贺。记住，行动胜过言辞，握手是客户确认成交的表示。一旦客户握住了你伸出来的手，他要想再改变主意就不体面了。从心理上说，客户握住你的手，那就表示他不愿意反悔。

销售人员在与客户握手的同时，要向他表示祝贺，对他的明智之举表示称赞。例如：

“王先生，祝贺你……你做出了明智的决策，不仅你所有的亲友会羡慕你，而且你的房子的价值也会大大增加。”

“祝贺你，林先生……你得到了一件质量上乘的产品，你会享受到它的好处的。”

（2）填表进行确认。销售人员应该是合同专家，应该能够在几秒钟内完成一份合同，甚至闭上眼睛也能完成这项工作。

说到填表，很多销售人员是不称职的，由于误填、不准确和填不好，致使很多交易都没做成。这些销售人员“熟知”合同，却又对它很陌生，常常不知道怎样正确填写合同而使到手的买卖溜掉了。

有些销售人员在填写合同的时候，常常默不作声，把精力集中在合同上。这种沉默通常会引起客户的焦虑不安，接着，所有的疑虑和恐惧又会重新涌上心头。

销售人员尽管已经知道需要填写的内容，但在填写时，仍要向客户证实这些内容。销售人员应该边写边与客户进行轻松的对话，目的是让这一程序平稳进行，让客户对他的决定感到满意。销售人员的填表动作要自然流畅，与客户的对话内容要与产品毫无关系。可以谈论客户的工作、家庭或小孩，以把客户的思绪从购物中解脱出来，同时可以表明自己并不只是对客户的钱袋感兴趣。

（3）感谢客户。这个细节是优秀销售人员区别于其他人的细小差别之一。说声“谢谢”不需要花费什么，却含义深刻，能给客户留下深刻印象。大多数销售人员不知道在道别后如何感谢客户，这就是为什么他们常常收到客户的退货和得不到更多客户的原因。当销售人员向客户表示真诚感谢时，他会对你非常热情，会想方设法给你以回报，会对你表示感谢。

请看下面的例子。

“季先生，我想对你说声谢谢，我想告诉你，我对你的举动十分感谢。如果你还需要我做什么，你可以随时给我打电话。”

当客户听到这些话时，他就知道他做出了正确的选择，他会对你的友情表示感激。在这种情况下，他怎么会改变主意让你失望呢?

（4）送一份小礼物。当完成一笔大生意，你可以送一份礼物给客户以表达你的谢意。这个礼物可以是一盒巧克力、一束花或一顿饭。谢礼也可以是一种承诺。

本章小结

1. 成交的信号有时候就在一瞬间，销售人员要有火眼金睛，能及时捕捉，并快速做出反应。

2. 促进成交时一定要把握好节奏，不要在客户面前表现出你急于成交的样子来，这样会让他认为你非常希望得到他的钱财。

3. 成交考验的是销售人员的口才，更考验的是他的修养、素质和专业水准。

4. 促进成交的前提是了解客户的真正购买意图，即使不了解，也要知道如何开发出他的购买欲望。

5. 客户答应购买之后，一定要及时完成交易，不要让煮熟的鸭子飞了，要注意巩固销售成果。

第十章

化解抱怨，促进售后的合作

乔·吉拉德说：“我相信销售活动真正的开始在成交之后，而不是之前。”可见，成交并不意味着销售的结束，如果售后服务得当，成交之后恰恰是新一轮的销售开始。因此，如何在售后利用自己的口才把客户的反馈意见，尤其是抱怨了解清楚，并得当处理留住客户且让其为你开拓新的客户是售后的工作的重点。本章重点介绍了化解抱怨和为新一轮开拓客户作好铺垫的种种方法，以抛砖引玉。

客户抱怨是你的动力

本着推己及人的态度来看待客户的抱怨时，你就不会心生不满了。

——汤姆·霍普金斯

客户意见是销售人员不断进步的动力，通过倾听，你可以得到有效的信息，并可据此进行创新，促进业务更好地发展。同时，你还可以正确识别客户的要求，然后传达给产品设计者，以最快的速度生产出最符合客户要求的产品，满足客户的需求。

所以，当有客户抱怨时，千万不要觉得麻烦，要把处理客户投诉看做留住生意的绝佳机会。以下是几种处理客户投诉的方法，会使不利因素变为有利因素：

（1）让客户宣泄他们的情感，鼓励他们讲出自己的不满。

（2）永远不要与客户发生争吵。

（3）永远不要对客户使用“你说的不是问题”等这类挑战性的语言。

（4）尽可能礼貌地与客户交换意见。

（5）不要找借口，要勇于负责。

（6）立即采取补救措施。要保证向客户提供解决问题的方案，拖延只会使情况变得更糟。

（7）给一线员工足够的权力使他们能够灵活地解决投诉。给员工足够的空间让他们能够在关键的时刻对规则做一些变通。如果你不愿意这么做的话，那你就要保证你或者其他有权处理客户投诉的管理人员随时在场。

切记，当客户向你抱怨时，你要坐下来认真倾听，扮好听众的角色，有必要的话，要将客户的要求记录下来，要让客户觉得自己得到了重视，自己的意见得到了重视。

当然，仅仅是听还不够，还应及时调查客户的反映是否属实，迅速将解决方法及结果反馈给客户，并提请其监督。

恰当处理客户的抱怨

抱怨有时也常能转变为一种促进友谊的方法。

——乔·吉拉德

如何处理客户的投诉与抱怨，是售后工作中一项非常重要的组成部分。

处理问题的过程是最关键的。处理客户投诉与抱怨是一项复杂的工作，尤其是需要经验和技巧的支持，妥善处理好此类事情，绝不是一件易事。

销售人员如何才能处理好客户的投诉与抱怨呢？

（1）耐心多一点。在实际处理中，要耐心地倾听客户的抱怨，不要轻易打断客户的叙述，也不要批评客户的不足，而是鼓励客户倾诉，让他们尽情宣泄心中的不满。当你耐心地听完了客户的倾诉与抱怨后，当他们得到了发泄的满足之后，就能够比较自然地听你的解释和道歉了。

（2）态度好一点。客户有抱怨或投诉就是表示客户对产品及服务不满意。因此，如果在处理过程中态度不友好，会让客户心理感受及情绪很差，会恶化与客户之间的关系。反之，若销售人员态度诚恳，礼貌热情，就会降低客户的抵触情绪。

（3）动作快一点。处理投诉和抱怨的动作快，一来可让客户感觉受到尊重，二来表示解决问题的诚意，三来可以及时防止客户的“负面污染”对业务发展造成更大的伤害，四来可以将损失减至最少。一般而言，销售人员接到客户投诉或抱怨的信息，即向客户打电话或通过传真等方式了解具体内容，然后在内部协商好处理方案，最好当天给客户答复。

（4）语言得体一点。客户对产品和服务不满，有可能会言语过激，如果销售人员与之针锋相对，势必恶化彼此关系。销售人员在解释问题的过程中，措辞要十分注意，要合情合理，得体大方，不要说伤人自尊的话，尽量用婉转的语言与客户沟通。即使是客户存在不对的地方，也不要冲动。

（5）补偿多一点。客户抱怨或投诉，很大程度是因为在使用该产品后，利益受到损害。因此，客户抱怨或投诉之后，往往希望得到补偿，这种补偿有可能是物质上的（更换产品、退货或赠送礼品等），也可能是精神上的（道歉等）。在补偿时，如果客户得到额外的收获，他们会理解销售人员的诚意而重建对企业的信心。

（6）层次高一点。客户提出投诉和抱怨之后都希望自己的问题受到重视，往往处理这些问题的销售人员的层次会影响客户的情绪。如果高层次的领导能够亲自处理或过问，就会化解客户的许多怨气和不满，从而配合销售人员进行问题处理。因此，处理投诉和抱怨时，如果条件许可，应尽可能提高处理问题的销售人员的级别。

（7）办法多一点。很多企业在售后服务中，处理客户投诉和抱怨的办法就是安慰、道歉、补偿产品、赠送小礼品等，其实解决问题的办法有许多种。除上所述手段外，还可邀请客户参观产品生产过程，或邀请他们参加内部讨论会，或者给他们奖励等。

处理抱怨的语言技巧

妥善得体的语言在处理抱怨时非常重要。

——汤姆·霍普金斯

在处理客户投诉的过程中，销售人员绝不能推卸责任，更不能去教训客户，与其争辩。在客户抱怨发生的初期，销售人员若能巧妙地运用语言艺术加以缓和，就能把抱怨平息在萌芽状态。

（1）诚恳使用“非常抱歉”来稳定客户的情绪。在抱怨发生初期，客户常常都会义愤填膺、情绪非常激动，以至于措辞激烈，甚至伴有恶言恶语。在这种情况下，销售人员先要冷静地聆听客户的全部委屈，全盘了解让他们产生不满的原因，然后再诚恳地向客户表示歉意，用“非常抱歉”等话语来平息客户的情绪。待客户情绪较稳定时，再商谈投诉之事，问题就容易解决了。

（2）妥善使用“请到贵宾室坐下来谈好吗”来防止影响其他客户的情绪。当抱怨的客户在一些店面型的销售场所大声吵闹时，会直接破坏销售的气氛，影响到其他客户的购物情绪。有的客户在情绪激动时，会说出许多不利于商店形象的话，诸如“你们公司怎么尽卖些假冒伪劣品”、“你们这家商店怎么这么不讲信誉”等，甚至对其他客户说：“千万别买这儿的东西，都是骗人的！”诸如此类，这样对商店的影响将会极其恶劣。在这种情况下，销售人员应该试着邀请客户到另外一种场合进行交谈，具体方法有：

A. 可对客户说：“您看，站着讲话多不方便，请到贵宾室坐下来谈，好吗？”或者说：“这里太热，我们先到办公室喝点茶，再慢慢谈好吗？”

B. 引导客户到招待室（办公室）坐下，最好先泡一杯茶或倒一杯果汁招待客户，让客户缓和一下他的情绪：“先喝口茶，慢慢谈。”

C. 当客户到招待室后，情绪还不能平静时，销售人员可以对客户说：“我们现在正调查事件的原因，请您先休息一下。”或者说：“负责人马上过来，请您稍候。”然后关上门让客户一个人留在里面，以平息他过于激动的情绪。

对于那些大声吵闹的客户来说，突然远离争吵现场，独自一人留在空旷的招待室里，精神会一下子松弛下来，加之销售人员为他提供舒适的场所和茶水以缓解情绪，他会很快地冷静下来。

如果他是自我反省力很强的客户，甚至还会为刚才的激动而暗暗后悔。这虽然是一个解决问题的好方法，但一定要注意让客户独自等待的时间要适当：如果时间太短，客户的情绪未完全缓和下来，容易再度发怒；如果时间太长，客户又会认为没人理他，可能火气更大。所以，一般让客户等待两三分钟为宜。

（3）不忘使用说“这是我的错”的道歉语。如果客户是由于使用不当而造成商品损坏，从而进行投诉的话，这在一定程度上应归咎于销售人员在销售时未介绍清楚。因此，在处理这类抱怨时，销售人员应诚恳地向客户进行道歉，坦率承认是由于自己交代不周而给对方带来损失与麻烦。

（4）使用礼貌语“给您添麻烦了……”、“为了表示歉意……”客户花了钱，却发现买回去的商品有质量问题，便气冲冲地前来要求退换货。此时，销售人员应尽量满足客户的希望和需要。在办理退换货的手续时，说：“真对不起，还让您多跑一趟。”“给您添麻烦了，为了表示歉意，这瓶香水我给您用包装纸包装一下。”

在向客户解释或说明时，应把握好以下两点：第一，说话语气要婉转，不能让客户感到难堪。第二，不能老强调自己是正确的。一般人不喜欢承认自己误会了别人，因此，销售人员在解释的时候，一定会受到客户表面上的抵抗。他们很可能会用“我不可能冤枉你”或“我绝不会那么糊涂，连这么简单的事情都搞不懂”等话语来为自己辩解，掩饰自己的过错。

在这种情况下，销售人员不要反复强调自己是正确的，而应诚恳地告知客户，你只是想消除他的疑问和不满，这样，对方就比较容易接受你的说明了。

处理抱怨的“禁用语”

永远不要让客户觉得你在批评他。

——马云

那些产生抱怨的客户犹如一堆干柴，任何一点火花都会燃起满腔怒火。如果在沟通过程中，负责调解的销售人员说话不慎、用语不当，就容易使客户更加火冒三丈，使矛盾更加激化。因此，在沟通中最好避免使用以下话语：

（1）“这种问题连三岁小孩都会。”当客户不了解商品特性或使用方法而向销售人员询问时，销售人员最容易说这句话。这句话极容易引起客户反感，因为这句话含有明显的嘲笑成分。

（2）“一分钱，一分货。”当销售人员说这句话时，通常会让客户感到销售人员是在小瞧他，认为他买不起高档品，只配用廉价品，因此，会伤害客户的自尊心。

（3）“不可能，绝不可能发生这种事。”一般商家对自己的商品或服务都是充满信心的，因此，在客户提出抱怨时，销售人员常常用这句话来回答。其实，当销售人员说这句话时，客户已经受到严重的心理伤害了，因为这句话表示店方并不相信客户的陈述，怀疑他们是在撒谎，因此，必然引起客户的极大反感。

（4）“这种问题与我们无关，请去问生产厂家，我们只负责卖货。”尽管商品是由厂家生产的，但是由于商品是在销售人员手里卖出去的，所以就应当对产品本身的品质、特性有所了解。因此，以这句话来搪塞、敷衍客户，表明销售人员不负责任，不讲信誉。

（5）“不知道、不清楚。”当客户提出问题时，销售人员的回答若是“不知道、不清楚”，那么就会给客户留下一种不负责任的印象，从而激化双方之间的矛盾。所以，作为一个尽职尽责的销售人员，一定要尽一切努力来解答客户的提问，即使真的不知道，也一定要请专业人士来解答。

（6）“我从没有说过那种话。”在商场上没有“绝对”这个词存在，不管销售人员说与没说，都不应使用这个富有挑战意味的字眼，以免激起客户的逆反心理。

（7）“我不会。”“不会”“没办法”“不行”这些否定的话语表示的是无法满足客户的希望与要求，因此，平时应尽量避免使用。

（8）“这是本公司的规定。”“对不起，这是本公司的规定”，以这种话来应付客户抱怨的销售人员为数不少。其实，公司的规定通常是为了提高销售人员的工作效率而制定的，制定相应的规定与制度的目的是更好地为客户服务，而绝不是为了监督客户的行为和限制客户的自由。

因此，即使客户不知情而违反了所谓的规定，销售人员也不可以此做挡箭牌来责怪客户。

（9）“总是会有办法的。”这一句态度暧昧的话通常会惹出更大的麻烦。因为对于急着想要解决问题的客户来说，这种不负责任的说法只会让他们感到更加失望。

（10）“改天我再和你联系。”这是一句极不负责任的话。在客户提出的要求或者问题需要花费一些时间解决的情况下，最好的回答是：“3天以后一定帮您办好”“某月某日以前我一定和您联系”。

给客户一个明确的答复，一方面代表销售人员有信心帮助客户解决问题；另一方面也不会让客户感到受愚弄。

以上是解决客户抱怨时应该避免使用的“禁用语”，因为这些话语容易在有意或无意中对客户造成伤害，使抱怨升级。

所以，销售人员在面对客户的抱怨时，应该尽量避免使用此类话语。

弄清客户流失的原因

服务质量是区分一家公司与另一家公司好坏的标准，以及区分这位销售人员与那位销售人员、这件产品与那件产品的重要因素。

——乔·吉拉德

是什么导致了客户的流失？原因很多。从销售的角度来看，客户的需求不能得到切实有效的满足，往往是导致客户流失的最关键因素。

具体来说，客户的流失通常主要有以下几种情况：

（1）当初的承诺得不到兑现。没有任何一个客户愿意和没有诚信的销售人员长期合作。有些销售人员喜欢向客户随意承诺条件，结果又不能兑现，失信于客户。一旦有诚信问题出现，客户往往会选择离开。

（2）服务意识淡薄。很多销售人员只顾着开发新客户，却忽略了对老客户的维护，长时间不和他们联系。客户提出的问题不能得到及时解决、咨询无人理睬、投诉没人处理，于是，这直接导致客户流失。

张先生用的都是某品牌的空调，很少出现故障，不料前几天空调坏了，电话好不容易接通，但是企业的销售部门与服务部门相互推诿，结果问题一直没得到解决。最后张先生发誓再也不用那个品牌的电器了。

（3）客户遇到新的诱惑。市场竞争越来越激烈，但客户毕竟是有限的，为能够迅速在市场上获得有利地位，竞争对手往往会不惜代价以优厚条件来吸引客户。“重金之下，必有勇夫”，客户“变节”也不是什么奇怪现象了。

销售人员一定要明白一点，你的主要竞争对手会对你的大客户动之以情，晓之以理、诱之以利，以引诱他放弃你而另栖高枝。任何一个品牌或者产品都有软肋，竞争对手往往最容易抓到你的软肋，一有机会，就会乘虚而入。

（4）情感沟通不到位。销售人员在一些细节问题上的疏忽，往往也会导致客户的流失。很多销售人员与客户缺少感情的交流，表现得太功利，甚至在一些细节上无意中伤害了客户。

通过以上分析，可以找到客户流失的原因所在，至于如何防范，销售人员结合自身情况“对症下药”才是根本。

向客户征询反馈信息

及时征询客户的反馈信息比开拓新客户更为重要。

——弗兰克·贝特格

精明的销售人员是不会等着客户发出抱怨，然后采取办法解决的被动方式来做销售的。他们往往采取商品售出后即主动向客户表达关心的方式来避免抱怨，而且同时这种办法往往还能留住客户呢。

一位有经验的老销售人员说过："最好的潜在客户就是目前的客户。"如何留住老客户，并以此发展新客户，其最主要的方式是通过售后服务来检查客户的满意程度。电话征询是最便捷的沟通方法。

例如，广州有一家护肤品销售公司，对其销售人员提出了"333售后服务"的要求：

（1）第一个"3"，3天后。即在客户购买产品3天后，销售人员就应该打电话了解客户对产品的使用情况，其目的是及时发现客户使用产品中的不妥，对客户表示关心。推荐用语如下：

"张小姐您好！我是公司的美容顾问，您前天在商场买的晚霜开始用了吗？"

"这个产品由于营养成分高，您使用时应注意……您是这么用的吗？"

"好，每天坚持用，过一段时间一定会有效果的。"

“使用中有问题，您随时可打电话给我。”

（2）第二个“3”，3周后。客户购买产品3周后，销售人员要打电话倾听客户的使用感觉。其目的是了解客户对所使用产品的感觉，树立客户对品牌的信心。推荐用语如下：

“我们的产品您使用后满意吗？”

“您使用后的效果明显吗？用与不用不一样吧？”

“我们许多客户在使用产品3周后，都反映效果不错，您用了感觉怎么样？”

（3）第三个“3”，3个月后。客户购买产品3个月后，销售人员要进一步了解客户对产品的意见及进一步的需求。其目的是跟进服务，扩大销售。推荐用语如下：

“您对我们的产品和服务有什么意见吗？”

“您的皮肤状况一定有所改善吧，有时间的话，请来我们专柜，我给您测试一下。”

“现在季节转换了，人的皮肤随着季节的变换，有不同的护理要求，我们公司最近刚好进了一批新产品，很适合您，有空来看看。”

“产品用完了吗？经过3个月，您可以进一步用系列的产品了。”

请注意：不要每次打电话都邀请客户来柜台购买商品，这样会留给客户你不是真正关心他而是在关心他的钱的感觉。

用“三谢三勤”留住客户

感谢客户也要及时，也要像开拓客户那样付出辛勤的行动。

——原一平

有位销售冠军在介绍自己的推销经验时，谈到了他拓展业务的三个“谢”字：

第一个“谢”——每天出门推销回来，按照已拜访的客户名单，不管他们是否购买，都分别打电话道谢一次。

第二个“谢”——如果当日太忙，则会在稍后几天内分别给客户写信道谢。

第三个“谢”——在适当的时候，登门拜访，当面向客户表示感谢。

有人问他为什么对未购买的客户也要致谢，他回答说：“如果只会向钱道谢，那就不是优秀销售人员。优秀销售人员之所以优秀，是因为他们懂得感恩。人家客户那么忙，还肯抽空接待我们，他们虽然未能购买我们的产品，但他给予我宾客般的礼遇，岂是一次刻意的道谢所能报答的？”

而之所以在达成交易之后给客户写封信，是基于以下考虑：

（1）接到客户的订单而表示感谢，是商场上的一种礼貌。

（2）与客户沟通感情，建立关系。销售人员和客户之间的关系是慢慢建立起来的。我国有句俗语：“一回生，二回熟，三回见了是朋友。”说的就是双方的感情关系随着相互交往次数的增加而增加。销售人员跟客户的接触越多，彼此的关系就会越亲密。写信是接触客户的方法之一，也是成本最低廉的方法。

（3）减少了客户“买了以后又后悔”的感觉。一般人在买了东西以后，常有“悔不当初”的感觉。他们往往在事后产生过多的联想，如“产品是不是真的像他说的那么好？”“产品坏了的时候，他们真的能及时提供服务吗？”等。但是当客户接到销售人员的感谢函以后，这种感觉即会消失。

对那些没有成交的客户，销售人员可以写信感谢他热情接待，强调生意不成人情在。对成交的客户，可以写信称赞他作了一个好决定，购买了一个令他满意的产品；告诉他，对产品和服务有什么不满意的地方请说出来，保证向他提供良好的服务。

与客户保持联系，除了写信外，还可以打电话或登门拜访。成功销售者往往奉行“三勤”主义，即“手勤”——经常给客户写信；“嘴勤”——经常给客户打电话；“腿勤”——经常登门拜访客户。为了与客户保持联系，不妨给自己制定几条原则：

（1）对于没有成交的客户，要给客户打个电话或写封信。

（2）对于一次新的交易，第二天就寄出一封感谢信，向客户确认自己答应的发货日期，并感谢他们的订货；在发货之日，同样要写信或电话联系，告诉客户，货已发出；在估计客户可能收到货物时，再联系，询问客户是否收到货物，以及产品是否正常工作。

（3）在客户生日时，寄去一张生日贺卡，这是有效的1年联系一次的好方法。

（4）建立一套客户档案和他们购买产品的清单，当产品的用途和价格出现任何变化时，都要及时通知客户。

（5）做好路线计划，以便外出推销时，能够前去拜访那些买过产品的人。

（6）如果客户不是经常购买，可以进行季节性访问。

用创意不断复制客户

赶快建立自己的客户网络，并通过这一网络迅速展开业务。

——乔·吉拉德

开拓新客户所花的时间、精力和成本要远远高于留下一位老客户所花的时间、精力和成本。更何况，老客户还能为销售人员源源不断地带来新客户！因此，销售成功后，如何保留住老客户，且能源源不断地开发新客户，是任何想要成功的销售人员都必须努力去做到的事情。

下面列举销售巨星汤姆·霍普金斯的故事来供大家参考。

汤姆·霍普金斯是全美第一名的销售训练大师，也是吉尼斯世界纪录房地产销售纪录的保持者，他之所以能够取得如此骄人的成就，关键在于他善于笼络客户，他事业的成功源于不断地开发新客户以及有效地保留老客户。

他曾说："你所见到的每一个人都有可能成为你的客户，并为你带来财富，关键是你要如何争取到他。"

在汤姆·霍普金斯身上总是带着很多卡片，他平均每天要寄送5~10封感谢函给他认识的冠军业务员，给那些没有参加他们研讨会的人，给那些没有投资他们录音带训练课程的老板，还有其他一些潜在的客户。

他说："我每寄出100封的感谢函就能做成10笔生意。也就是说，每100名潜在客户在感激的情况下有10位会成为你的忠诚客户。”

我们可以想象一下，他一天寄10封感谢函，一年就要寄3 650封，10年就是36 500封。他这样源源不断地给潜在客户寄感谢函，最终，他会赢来更多人感激，他便有了源源不断的客流，收入也就源源不断地增加了。

而想要有这样良好的结果的方法其实很简单，你只需要每天花上十几分钟的时间，在每封感谢函上贴一张邮票。

这几分钟可以是在你等人的时候，你喝茶的时候等一些琐碎的空闲时间。

虽然这件事情看起来很简单，但需要你能够长期不断坚持下去才能成功。

一天寄出10封感谢函，一个月就是300封，在今后的日子里，足够你忙的了。

当然，销售人员在寄送感谢信的时候，要明确寄送的对象，其实，这个对象范围很广，首先是一定有你的老客户，然后是你的潜在客户。

当然，你还可以寄送给曾经帮助过你的人，你的竞争对手，当然，对于一些没有购买你产品的人，你也可以寄送一份。总之，把自己该想到的都寄送过去。

因为，每个人都值得感谢，感谢的内容有很多，可以感谢对方能抽出时间与你见面，感谢对方能够购买你的产品，感谢对方能够接听你的电话，感谢对方能够在百忙中帮助了你，感谢对方能够听你的产品介绍，还要感谢没有买你产品的人，因为是他们让你知道了你与别人的差距在哪里等。

任何人都可能在将来的某一天购买你的产品，即便是你的竞争对手，也许他在不久的将来改行了，那么他就可能成为你的潜在客户；经常和没有买你产品的人联系，也许某一天他们在购买其他产品的时候发生冲突，那么他们就可能转过来成为你的潜在客户，所以，不要放弃，社会每天都有变化，人也在不断变化，客户也在变化，小小的感谢函就能让你拉拢住很多客户的心。

本章小结

1. 客户的抱怨不是麻烦，恰恰是你将工作做得更好的动力。

2. 解决客户的抱怨，要设身处地、将心比心地对待。有了这个心态，你的一切处理工作都可以顺利地展开了。

3. 处理抱怨时，一定不要让那些拉开客户与你的心理距离的谈话说出口。

4. 客户的流失很常见，但经常流失则不正常了。一定要在客户流失后反思自己的工作。

5. 诚恳、直接地去问那些已经流失掉的客户为什么没购买你的产品，并对他的回答表示感谢。这对你的销售是非常有帮助的。

6. 要用创意不断地复制客户，而不是局限于一种办法去慢慢开拓。